职业教育财经类
"十二五"规划教材

经济数学（上册）

Economic Mathematics（Volume 1）

臧新建 范玉军 董艳慧 主编

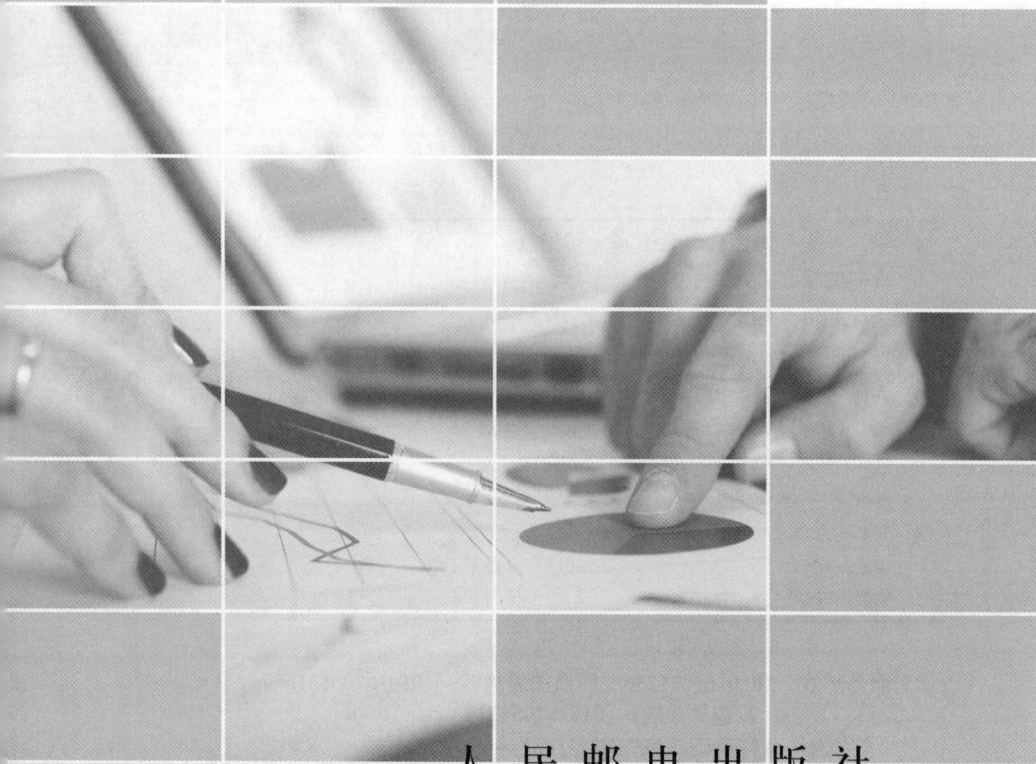

人民邮电出版社

北 京

图书在版编目（CIP）数据

经济数学. 上册 / 臧新建，范玉军，董艳慧主编
. -- 北京：人民邮电出版社，2013.9（2020.7重印）
职业教育财经类"十二五"规划教材
ISBN 978-7-115-32781-9

Ⅰ. ①经… Ⅱ. ①臧… ②范… ③董… Ⅲ. ①经济数
学－高等职业教育－教材 Ⅳ. ①F224.0

中国版本图书馆CIP数据核字(2013)第187898号

内 容 提 要

本书为《经济数学》的上册，内容包括极限与连续、导数及其应用、不定积分与定积分和常微分方程。书后附有初等数学公式、积分公式，简单介绍了数学软件 MATLAB 的基本应用，以及各章节单元能力训练的习题答案。章节内容安排合理、结构紧凑，思路清晰，密切联系经济管理专业课程的教学内容。

本书采用案例教学，引入经济问题实例，启动相关教学内容，充分体现数学知识与经济活动的联系；难度适中，叙述直观，避开了繁琐的证明，适合高职高专学生学习使用。

◆ 主　编　臧新建　范玉军　董艳慧
　　责任编辑　刘　琦
　　执行编辑　喻文丹
　　责任印制　沈　蓉　焦志炜

◆ 人民邮电出版社出版发行　　北京市丰台区成寿寺路 11 号
　　邮编　100164　　电子邮件　315@ptpress.com.cn
　　网址　http://www.ptpress.com.cn
　　北京天宇星印刷厂印刷

◆ 开本：787×1092　1/16
　　印张：7.75　　　　　　　　　　2013 年 9 月第 1 版
　　字数：173 千字　　　　　　　　2020 年 7 月北京第 9 次印刷

定价：21.00 元

读者服务热线：(010)81055256　印装质量热线：(010)81055316
反盗版热线：(010)81055315
广告经营许可证：京东市监广登字 20170147 号

前　言

当前,中国经济实现了腾飞,经济总量跃居全球第二,令世界瞩目;同时,中国又处在社会转型时期,社会的发展为高等教育提供了前所未有的机遇。其中,高职高专教育占到了高等教育的半壁江山。因此,高职高专教育必须担当起相应的社会责任。数学素养又是合格大学生必备的素质之一,不可或缺。

创新能力是中华民族发展的不竭动力。一般数学问题是由因求果或是建立数学模型,无不充满着创新思维。注重数学自身发展的完善、体现数学理论发展,还是强调数学的应用性、与专业课结合,侧重数学的工具性,这是现实中存在的两种观点。编者身处教学一线,深刻体会到当前高职高专教学的迫切性、生源的多样性以及教学中的困难性,深思其变。数学教学的意义在于培养受教育者的逻辑思维能力,同时促进高素质技能型人才的形成,因此在某种程度上说,数学推动了专业课的学习,真正实现了数学课的学以致用。

为了完成这一目标,我们着手编写了这套教材。本套教材分为上、下册,上册内容包括:第一篇微积分,第二篇常微分方程;下册内容包括:第一篇线性代数,第二篇线性规划,第三篇概率论与数理统计。本书为上册,建议教学时数为64学时。

本套教材具有如下特点。

(1)不同类的数学分为篇,每篇的篇首阐述本部分知识的发展过程及有关主要内容、作用及意义,开阔视野。

(2)每章有经济问题教学案例,着力体现该章知识体系与经济类专业的紧密联系,引入教学,展示数学的强大功能和激发学生的学习兴趣。

(3)启发式教学。"做中学",让学生动手去做,检测听课效果,避免满堂灌教学方式。

(4)内容紧扣专业课程。充分考虑学分与课时的紧迫性,与经济类专业关系不大的数学知识,尽量少涉及。力求数学与专业紧密结合。

(5)叙述明了,避开过于抽象的证明。简单明了的描述,借助有关的图像,浅显易懂,但不违背数学的科学性与严谨性。

(6)数学实验。编入了MATLAB数学软件,其功能强大,计算方便,将数学学习与计算机技术结合,解决了复杂计算的问题。

本教材由德州职业技术学院的老师编写,臧新建副教授负责审稿、定稿,范玉军教授负责设计。上册的编写分工如下:第一篇第一章"极限与连续"由范玉军编写；第一篇第二章"导数及其应用"和各章"数学实验"由董艳慧编写；第一篇第三章"不定积分与定积分"、第二篇第四章"常微分方程"和附录由臧新建编写。

在本书的出版过程中，学院领导和数学的同仁们给予了大力支持，编者在此一并致谢。

由于编者水平和经验有限，书中难免有欠妥和错误之处，恳请读者批评指正。

编　者

2013 年 6 月于德州

目　录

第一篇

微积分

第一章
极限与连续

极限是微积分中的基础概念,它指的是变量在一定的变化过程中,逐渐稳定的这样一种变化趋势以及所趋向的数值(极限值)。

极限思想是社会实践的产物。追溯到古代,刘徽的割圆术就是建立在直观基础上的一种原始的极限思想的应用。古希腊人的穷竭法也蕴含了极限思想。16世纪的欧洲处于资本主义萌芽时期,生产力得到极大的发展,生产和技术中大量的问题,只用初等数学的方法已无法解决,要求数学突破只研究常量的传统范围,而提供能够用以描述和研究运动、变化过程的新工具,这是促进极限发展、建立微积分的社会背景。极限思想在现代数学乃至物理学等学科中有着广泛的应用,这是由它本身固有的思维功能所决定的。

极限思想揭示了变量与常量、无限与有限的对立统一关系,是唯物辩证法的对立统一规律在数学领域中的应用。借助极限思想,人们可以从有限认识无限,从"不变"认识"变",从直线形认识曲线形,从量变认识质变,从近似认识精确。

极限思想方法是微积分中一个重要的内容,是应用微积分解决实际生活问题的重要思想来源,而经济学中的许多问题,也是用微积分来解决的,其中就涉及"极限"思想这一重要方法。因此,用"极限"思想方法指导经济学中相关概念的学习,对于掌握经济学中的重要概念有很大的帮助。

本章在中学阶段学习的基础上,通过实际案例使学生重点理解极限的定义,并能在学习过程中逐步加深对极限思想的理解,掌握极限的计算方法和技巧,理解函数连续的有关概念及闭区间上连续函数的性质。

经济问题教学案例——复利计息问题

在某些工程或企业的整个生产活动中,资金的投入及收益并非集中于某一固定日期上,而是均匀分布在整个时期。这种情况采用连续计息较为合理。连续计息不同于单利计息,对于固定时段内,连续计息情况下,最终期值变化与复利计息期数有密切的关系。

所谓复利计息,就是将第一期的利息与本金之和作为第二期的本金然后反复计息。因此采用复利的方式来投资,最后的报酬将是每期报酬率加上本金后,不断相乘的结果,期数愈多(即愈早开始),获利就愈大。假设本金为 a,年利率为 r,一年后本利和为 S_1,则 $S_1 = a + ar = a(1+r)$,把 S_1 作为本金存入,第二年末本利和为 $S_2 = S_1 + S_1 r = S_1(1+r) = a(1+r)^2$,再把 S_2 存入,如此反复,第 n 年末的本利和为 $S_n = a(1+r)^n$,这就是以年为期的复利公式,若把一年均分为 t 期计息,这时每期利率可认为 $\dfrac{r}{t}$,于是推得 n 年本利和为 $S_n = a\left(1+\dfrac{r}{t}\right)^{nt}$,假设计息期无限缩短,则期权 $t \to \infty$,于是得到计算连续复利的复利公式为

$$S_n = \lim_{t \to \infty} a\left(1 + \frac{r}{t}\right)^{nt} = a \lim_{t \to \infty}\left(1 + \frac{r}{t}\right)^{nt} = a \lim_{t \to \infty}\left[\left(1 + \frac{r}{t}\right)^{\frac{t}{r}}\right]^{m} = a\left[\lim_{t \to \infty}\left(1 + \frac{r}{t}\right)^{\frac{t}{r}}\right]^{m}$$

$= a\mathrm{e}^{m}$，即 $S_n = a\mathrm{e}^{m}$。

此公式怎么得来的呢？本章将要解决此类极限的问题。

1.1　函数的概念与性质

一、函数的概念

1. 引例:需求函数与供给函数模型

在研究市场问题时,常常会涉及两个重要函数,即需求函数与供给函数。

(1)市场对某种商品的需求量 Q 在假定其他因素不变的条件下,可视为该商品价格 p 的函数,称为需求函数。记作

$$Q_\mathrm{D} = Q_\mathrm{D}(p)$$

比如:线性需求函数 $Q_\mathrm{D} = a - bp(a > 0, b > 0)$ 和二次需求函数 $Q_\mathrm{D} = a - bp - cp^2(a > 0, b > 0, c > 0)$ 等都是关于商品价格 p 的函数。

(2)在假定其他因素不变的条件下,供给量 Q 也可视为价格 p 的函数,称为供给函数。记作

$$Q_\mathrm{S} = Q_\mathrm{S}(p)$$

供给函数一般是价格的单调增函数,比如线性供给函数 $Q_\mathrm{S} = -c + dp(c > 0, d > 0)$ 是关于价格 p 的单调增函数。

市场上某种商品的需求量与供给量相等时,该商品的供需达到了平衡,此时该商品的价格称为均衡价格。

以上两个例子中,各有两个变量且每个变量之间都有确定的对应关系,当一个变量在一定范围内取定一个值后,由某种对应关系便能得到另一个变量对应的值,对于两个变量的这种关系称为函数关系。因此有如下函数的定义。

2. 函数的定义

定义 1.1.1　x, y 是两个变量,D 是一个给定的数集,如果对于每个 $x \in D$,按照某种对应法则,y 总有唯一确定的值与它对应,则称 y 是 x 的函数,记作 $y = f(x)$。其中 x 称为自变量,y 称为因变量,数集 D 称为函数 $f(x)$ 的定义域。

定义域常用区间或集合表示,当 x 取定 D 中的值 x_0 时,与 x_0 对应的 y 值称为函数 $f(x)$ 在 x_0 处的函数值。记作 $f(x_0)$ 或 $y\big|_{x=x_0}$。

对应于自变量 $x \in D$ 的函数值的全体称为函数的值域,用集合表示是 $\{y \mid y = f(x), x \in D\}$。

函数的定义域和对应法则是确定函数的两个要素,因此两个函数相同是指这两个函数的定义域和对应法则相同,与函数中的自变量采用什么字母表示没关系。

比如:$y = \pi r^2, r \in (0, +\infty)$ 和 $y = \pi x^2, x \in (0, +\infty)$ 表示同一函数。

例1 下列各对函数是否为相同的函数？为什么？

(1) $f(x) = \lg x^2, g(x) = 2\lg x$；

(2) $f(x) = \sqrt[3]{x^4 - x^3}, g(x) = x\sqrt[3]{x-1}$。

解 (1) 不相同。$D_f = R - \{0\}, D_g = (0, +\infty)$，两个函数的定义域不同，因此 $f(x)$ 与 $g(x)$ 不相同；

(2) 相同。定义域均为 $(-\infty, +\infty)$，对应法则也相同，因此 $f(x)$ 与 $g(x)$ 相同。

例2 设 $f(x) = \sqrt{1+x^2}$，求 $f\left(\dfrac{1}{a}\right)(a \neq 0)$。

解 $f\left(\dfrac{1}{a}\right) = \sqrt{1 + \left(\dfrac{1}{a}\right)^2} = \sqrt{\dfrac{a^2+1}{a^2}} = \dfrac{1}{|a|}\sqrt{1+a^2}$。

例3 求函数 $y = \dfrac{1}{\sqrt{25-x^2}} + \arcsin\dfrac{x-1}{5}$ 的定义域。

解 要使函数 y 有意义，变量 x 必须同时满足

$$\begin{cases} 25 - x^2 > 0 \\ \left|\dfrac{x-1}{5}\right| \leqslant 1 \end{cases}$$ 解得 $-4 \leqslant x < 5$，因此函数的定义域为 $D = [-4, 5)$。

> 做中学： 求函数 $y = \dfrac{1}{\sqrt{x^2-1}}$ 的定义域。

例4 某种冰箱每台售价为 1 500 元时，每月可销售 2 000 台，每台售价每降 100 元时，每月可增售 400 台，试求该冰箱的线性需求函数。

解 以 Q 表示需求量，p 表示价格，根据线性需求函数 $Q_D = a - bp(a > 0, b > 0)$ 得

$$\begin{cases} 2000 = a - 1500b \\ 2400 = a - 1400b \end{cases}$$

求出 $a = 8000, b = 4$。故该冰箱线性需求函数为 $Q_D = 8000 - 4p$。

例5 已知某商品的需求函数为 $2Q_D + 5p = 200$，供给函数为 $p = \dfrac{4}{5}Q_S + 16$，求该商品的均衡价格。

解 由题意得 $\begin{cases} 2Q_D + 5p = 200 \\ p = \dfrac{4}{5}Q_S + 16 \\ Q_D = Q_S \end{cases}$ ， 解方程组得 $p = 32$，故市场均衡价格为 32。

二、函数的几种特性

1. 函数的有界性

定义1.1.2 函数 $y = f(x)$ 在区间 D 内有定义，如果存在一个正数 M，使得对于一切 $x \in D$，都有 $|f(x)| \leqslant M$，则称 $y = f(x)$ 在区间 D 内有界，否则称 $y = f(x)$ 在区间 D 内无界。

例如,因为 $|\sin x| \leqslant 1$,所以函数 $y = \sin x$ 在 $(-\infty, +\infty)$ 内有界的;函数 $y = \log_2 x$ 在 $(0, +\infty)$ 内无界;函数 $y = \dfrac{1}{x}$ 在 $[1, 2]$ 上有界,而在 $(0, 1)$ 上无界。

由此可见,函数是否有界,不仅与函数有关,而且与 x 的区间有关。

2. 函数的单调性

定义 1.1.3　设函数 $f(x)$ 在区间 D 上有定义,若对 $\forall x_1, x_2 \in D$,当 $x_1 < x_2$ 时总有:

(1) $f(x_1) \leqslant f(x_2)$,则称函数 $f(x)$ 在 D 上单调递增,特别当严格不等式 $f(x_1) < f(x_2)$ 成立时,则称函数 $f(x)$ 在 D 上严格单调递增。

(2) $f(x_1) \geqslant f(x_2)$,则称函数 $f(x)$ 在 D 上单调递减,特别当严格不等式 $f(x_1) > f(x_2)$ 成立时,则称函数 $f(x)$ 在 D 上严格单调递减。

注:单调递增函数与单调递减函数统称为单调函数。

例如:函数 $f(x) = x^2$ 在区间 $[0, +\infty)$ 上是单调增加的,在区间 $(-\infty, 0]$ 上是单调减少的。又如,函数 $f(x) = a^x$,当 $0 < a < 1$ 时,在 $(-\infty, +\infty)$ 内是单调减少的;当 $a > 1$ 时,在 $(-\infty, +\infty)$ 内是单调增加的。

例 6　讨论函数 $y = 2x^2 + 1$ 的单调性。

解　对于任意的两点 $x_1, x_2 \in (-\infty, +\infty)$

有 $f(x_1) - f(x_2) = (2x_1^2 + 1) - (2x_2^2 + 1) = 2(x_1^2 - x_2^2) = 2(x_1 + x_2)(x_1 - x_2)$

在 $(-\infty, 0]$ 上,当 $x_1 < x_2$ 时,$x_1 + x_2 < 0, x_1 - x_2 < 0$,所以 $2(x_1 + x_2)(x_1 - x_2) > 0$。

因此,有 $f(x_1) - f(x_2) > 0$,即 $f(x_1) > f(x_2)$,故 $y = 2x^2 + 1$ 在 $(-\infty, 0]$ 上是单调减少的。

在 $[0, +\infty)$ 上,当 $x_1 < x_2$ 时,$x_1 + x_2 > 0, x_1 - x_2 < 0$,所以 $2(x_1 + x_2)(x_1 - x_2) < 0$,因此,有 $f(x_1) - f(x_2) < 0$,故 $y = 2x^2 + 1$ 在 $[0, +\infty)$ 上是单调增加的。

从函数的单调性定义和以上例子可以看到,讨论函数的单调性必须注意:

(1) 分析函数的单调性,总是在 x 轴上从左向右(即沿自变量 x 增大的方向)看函数值的变化;

(2) 函数可能在其定义域的一部分区间内是单调增加的,而在另一部分区间内是单调减少的,这时函数在整个定义域内不是单调的函数。如前所说,$f(x) = x^2$ 在定义区间 $(-\infty, +\infty)$ 上不是单调的函数。

3. 函数的奇偶性

定义 1.1.4　设函数 $f(x)$ 的定义域 D 为对称于原点的数集,即若 $x \in D$,有 $-x \in D$,

① 若对 $\forall x \in D$,有 $f(-x) = f(x)$ 恒成立,则称 $f(x)$ 为偶函数;

② 若对 $\forall x \in D$,有 $f(-x) = -f(x)$ 恒成立,则称 $f(x)$ 为奇函数;

例 7　讨论 $y = \ln(x + \sqrt{1 + x^2})$ 的奇偶性。

解　因为 $f(-x) = \ln(-x + \sqrt{1 + (-x)^2}) = \ln(-x + \sqrt{1 + x^2})$

$$= \ln \frac{(-x+\sqrt{1+x^2})(x+\sqrt{1+x^2})}{x+\sqrt{1+x^2}}$$

$$= \ln \frac{1}{x+\sqrt{1+x^2}} = -\ln(x+\sqrt{1+x^2})$$

所以 $y = \ln(x+\sqrt{1+x^2})$ 是奇函数。

注：（1）偶函数的图形关于 y 轴对称，奇函数的图形关于原点对称；

（2）两偶函数和为偶函数；两奇函数和为奇函数；两偶函数的积为偶函数；两奇函数的积为偶函数；一奇一偶的积为奇函数。

例 8 设 $f(x)$ 是定义在 $(-l, l)$ 内的任意函数，试证

（1）$f(x) + f(-x)$ 是偶函数；

（2）$f(x) - f(-x)$ 是奇函数。

证 （1）令 $\varphi(x) = f(x) + f(-x)$，则 D_φ 为 $(-l, l)$，对于任意的 $x \in D_\varphi$，必有 $-x \in D_\varphi$，且 $\varphi(-x) = f(-x) + f(-(-x)) = f(-x) + f(x) = \varphi(x)$，所以 $\varphi(x) = f(x) + f(-x)$ 是定义在 $(-l, l)$ 上的偶函数。

（2）令 $\varphi(x) = f(x) - f(-x)$，则 D_φ 为 $(-l, l)$，对于任意的 $x \in D_\varphi$，必有 $-x \in D_\varphi$ 且 $\varphi(-x) = f(-x) - f(-(-x)) = f(-x) - f(x) = -[f(x) - f(-x)] = -\varphi(x)$，所以 $\varphi(x) = f(x) - f(-x)$ 是定义在 $(-l, l)$ 上的奇函数。

本例的结果表明，在对称区间上定义的任意的一个函数，一定可以表示为偶函数 $\frac{1}{2}[f(x) + f(-x)]$ 与奇函数 $\frac{1}{2}[f(x) - f(-x)]$ 之和。

4. 函数的周期性

定义 1.1.5 设函数 $f(x)$ 的定义域为 D，如果 $\exists l \neq 0$，使得对 $\forall x \in D$，有 $x \pm l \in D$ 且 $f(x+l) = f(x)$ 恒成立，则称 $f(x)$ 为周期函数，l 称为 $f(x)$ 的周期。

如 $y = \sin x, y = \cos x, y = \tan x$ 分别是周期为 $2\pi, 2\pi, \pi$ 的周期函数，$y = x - [x]$ 是周期为 1 的函数。

例 9 证明函数 $y = \sin px$ 是以 $\frac{2\pi}{p}$ 为周期的周期函数。

证明 因为 $\sin p\left(x + \frac{2\pi}{p}\right) = \sin(px + 2\pi) = \sin px$，所以 $\sin px$ 是以 $\frac{2\pi}{p}$ 为周期的周期函数。

注：（1）若 l 为 $f(x)$ 的周期，由定义知 $2l, 3l, 4l \cdots$ 也都是 $f(x)$ 的周期，故周期函数有无穷多个周期，通常说的周期是指最小正周期（基本周期），然而最小正周期未必都存在，如狄立克莱函数 $D(x) = 1$（当 x 为有理数时），$D(x) = 0$（当 x 为无理数时）。任意一个正数都是它的周期，故没有最小正周期。

（2）周期函数在每一个周期 $(a + kl, a + (k+1)l)$（a 为任意数，k 为任意常数）上，图像有相同的形状。

三、初等函数

1. 基本初等函数的图像及性质

定义 1.1.6 幂函数、指数函数、对数函数、三角函数、反三角函数这 5 种函数叫作基

本初等函数。

下面以表格的形式给出基本初等函数的图像及性质,如表 1-1 所示。

表 1-1 基本初等函数的图像及性质

函 数	图 像	主要性质
幂函数 $y = x^a$		1. (1) $a > 0$ 时,图形过 $(0,0)$ 及 $(1,1)$ 点; 　　(2) 在 $(0, +\infty)$ 内是单调递增函数。 2. (1) $a < 0$ 时,图形过 $(1,1)$ 点; 　　(2) 在 $(0, +\infty)$ 内是单调递减函数。
指数函数 $y = a^x (a > 0, a \neq 1)$		(1) 图形过 $(0,1)$ 点; (2) 当 $a > 1$ 时,单调递增函数; (3) 当 $0 < a < 1$ 时,单调递减函数。
对数函数 $y = \log_a x$ $(a > 0, a \neq 1)$		(1) 图形过 $(1,0)$ 点; (2) 当 $a > 1$ 时,函数单调增加; (3) 当 $0 < a < 1$ 时,函数单调递减。
三角函数	正弦函数 $y = \sin x$		(1) 定义域是 $(-\infty, +\infty)$; (2) 奇函数; (3) 周期 $T = 2\pi$; (4) 有界函数 $|\sin x| \leqslant 1$。
	余弦函数 $y = \cos x$		(1) 定义域是 $(-\infty, +\infty)$; (2) 偶函数; (3) 周期 $T = 2\pi$; (4) 有界函数 $|\cos x| \leqslant 1$。

续表

函　数		图　像	主要性质
三角函数	正切函数 $y = \tan x$		(1)定义域是 $x \neq k\pi + \dfrac{\pi}{2}(k \in Z)$ 的全体实数； (2) 奇函数； (3) 周期 $T = \pi$； (4) 在 $\left(k\pi - \dfrac{\pi}{2}, k\pi + \dfrac{\pi}{2}\right)$ 内是单调递增函数。
	余切函数 $y = \cot x$		(1)定义域是 $x \neq k\pi(k \in Z)$ 的全体实数； (2) 奇函数； (3) 周期 $T = \pi$； (4) 在 $(k\pi, (k+1)\pi)$ 内是单调递减函数。
反三角函数	反正弦函数 $y = \arcsin x$		(1) 定义域为 $[-1, 1]$，值域为 $\left[-\dfrac{\pi}{2}, \dfrac{\pi}{2}\right]$； (2) 奇函数； (3) 在 $[-1, 1]$ 上单调增加； (4) 有界。
	反余弦函数 $y = \arccos x$		(1) 定义域为 $[-1, 1]$，值域为 $[0, \pi]$； (2) 在 $[-1, 1]$ 上单调递减； (3) 有界。

续表

函 数	图 像	主要性质
反正切函数 $y = \arctan x$		(1) 定义域为 $(-\infty, +\infty)$,值域为 $\left(-\dfrac{\pi}{2}, \dfrac{\pi}{2}\right)$; (2) 奇函数; (3) 在 $(-\infty, +\infty)$ 上单调递增; (4) 有界。
反余切函数 $y = \operatorname{arccot} x$		(1) 定义域为 $(-\infty, +\infty)$,值域为 $(0, \pi)$; (2) 在 $(-\infty, +\infty)$ 上单调递减; (3) 有界。

(反三角函数)

2. 复合函数的概念

看下面的例子:设 $y = \log_a u$,$u = x + 1$。把 u 代入第一个式子,得 $y = \log_a(x+1)$,这里 y 是 u 的函数,但 u 本身不是自变量,u 是 x 的函数,y 通过变量 u 是 x 的函数,我们把这样得到的函数 $y = \log_a(x+1)$ 称为由两个函数 $y = \log_a u$ 和 $u = x + 1$ 复合而成的复合函数,对于这样的函数,有如下定义:

定义 1.1.7 设函数 $y = f(u)$ 的定义域为 D_f,函数 $u = \varphi(x)$ 的定义域为 D_φ,值域为 M_φ,则当 $D_f \bigcap M_\varphi \neq \varnothing$ 时,y 通过 u 成为 x 的函数,这个函数称为由 $y = f(u)$ 和 $u = \varphi(x)$ 复合而成的复合函数,记作 $y = f[\varphi(x)]$,其中 u 是中间变量。

注:(1) 只有满足 $D_f \bigcap M_\varphi \neq \varnothing$ 的两个函数才能复合成一个复合函数;

(2) 复合函数的概念可以推广到由两个以上的更多个函数复合而成的复合函数。

例 10 求函数 $y = \sqrt{u}$ 与 $u = 1 - x^2$ 构成的复合函数。

解 将 $u = 1 - x^2$ 代入 $y = \sqrt{u}$ 中,即为所求复合函数,$y = \sqrt{1 - x^2}$,$x \in [-1, 1]$。

> 做中学: 设 $y = f(u) = \arcsin u$,$u = \varphi(x) = 2 + x^2$,问 $f(u)$ 与 $\varphi(x)$ 能否复合成函数 $f[\varphi(x)]$?

例 11 设 $f(x-1) = x^2$,求 $f(2x+1)$。

解 令 $u = x - 1$,得 $f(u) = (u+1)^2$,又令 $\varphi(x) = 2x + 1$,

所以 $f(2x+1) = f[\varphi(x)] = [\varphi(x) + 1]^2 = [(2x+1) + 1]^2 = 4(x+1)^2$。

3. 初等函数

由基本初等函数和常数经过有限次的四则运算及复合步骤构成的,且用一个解析式表示的函数称为初等函数。

例如:$y = x^2 + \ln x$, $y = e^{\sin x}$, $y = \dfrac{x^2 + 1}{x^2 + 2x - 1}$ 等都是初等函数;

而分段函数 $f(x) = \begin{cases} x+1, x \geqslant 0 \\ x-1, x < 0 \end{cases}$ 和 $f(x) = \begin{cases} -1, & x < 0 \\ 0, & x = 0 \\ 1, & x > 0 \end{cases}$ 等都不是初等函数。

但绝对值函数 $y = |x| = \sqrt{x^2}$ 是初等函数。

单元能力训练 1-1

1. 下列各题中 $f(x)$ 与 $g(x)$ 表示同一函数吗? 为什么?

(1) $f(x) = x$, $g(x) = (\sqrt{x})^2$;　　　　(2) $f(x) = x + 1$, $g(x) = \dfrac{x^2 - 1}{x - 1}$;

(3) $f(x) = 2\ln x$, $g(x) = \ln x^2$;　　　　(4) $f(x) = |x - 1|$, $g(x) = \sqrt{(x-1)^2}$ 。

2. 求下列函数的定义域。

(1) $y = \arcsin(x - 3)$;　　　　(2) $y = \dfrac{\sqrt{x+1}}{\lg(1-x)}$;

(3) $y = \begin{cases} -x & -1 \leqslant x < 0 \\ \sqrt{3-x} & 0 \leqslant x < 2 \end{cases}$;　　(4) $y = \sqrt{\lg \dfrac{5x - x^2}{4}}$ 。

3. 已知函数 $f(x) = \begin{cases} x, -\infty < x < 1 \\ x^2, 1 \leqslant x \leqslant 4 \\ 2^x, 4 < x < +\infty \end{cases}$,求 $f(0)$, $f(2)$, $f(5)$ 。

4. 下列函数中哪些是奇函数? 哪些是偶函数? 哪些是非奇非偶函数?

(1) $y = |\sin x|$;　　　　(2) $y = \sin x - \cos x + 1$;

(3) $y = 3x^3 \sin^2 x$;　　　　(4) $y = \lg \dfrac{1-x}{1+x}$, $x \in (-1, 1)$;

(5) $y = (x^2 + 1)\cos x$;　　　　(6) $y = \sqrt{x} + \dfrac{1}{x}$ $(x > 0)$ 。

5. 讨论下列函数的单调性。

(1) $y = x^2$, $x \in (-1, 0)$;　　　　(2) $y = \sin x$, $x \in \left(-\dfrac{\pi}{2}, \dfrac{\pi}{2}\right)$;

(3) $y = x^2 - x + 1$, $x \in \left(-\infty, \dfrac{1}{2}\right)$; (4) $y = 2^{x+1}$ 。

6. 指出下列复合函数的复合过程。

(1) $y = (\arccos \sqrt{x})^2$;　　　　(2) $y = \sqrt{\ln(\tan x^2)}$;

(3) $y = e^{\sin \frac{x}{2}}$;　　　　(4) $y = (1 + 2x)^{10}$;

(5) $y = \sin^3 x$;　　　　(6) $y = \dfrac{1}{\sqrt{\ln(x^2 - 1)}}$ 。

7. 某商品在市场上的日需求量 Q 与单价 p 有关系式 $Q = 54 - 3p$，求销售收入 R 与 p 间的函数关系，并计算 p 取何值时销售收入 R 达到最大值？此时的需求量是多少？销售收入是多少？

8. 已知下列需求函数和供给函数，求相应的均衡价格：

(1) $Q_D = 3000 - 30p, Q_S = 1000 + 50p$；

(2) $5p + 2Q_D = 200, p = \dfrac{4}{5}Q_S + 10$。

1.2　极限的概念

一、数列极限

战国时代的哲学家庄周所著《庄子天下篇》中有一段话"一尺之棰，日截其半，万世不竭"，意思是说一尺长的木杖，第一天截去一半，剩下一半；第二天将第一天所剩下一半截去一半；第三天再将第二天所剩下截去一半；如此继续下去，天天截去一半，虽经万世也截不完。这句话除了蕴含着辩证的哲学思想外，还体现出一种观察事物发展趋势和目标的思想，这种思想就是我们本节将要介绍的极限的概念。

显然，《庄子天下篇》内所载这段话，用数学形式表现出来就是一个数列。

即，每天所截剩下的木杖尺数顺次为

$$\frac{1}{2}, \frac{1}{4}, \frac{1}{8}, \cdots, \frac{1}{2^n}$$

因此构成一个数列 $a_n = \dfrac{1}{2^n}$；（n 代表从第一天算起的天数）

可以看出，随着天数增加，所剩木杖的长度将会越来越短，当天数 $n \to \infty$ 时，$a_n = \dfrac{1}{2^n} \to 0$。这说明了数列的一种变化状态。

我们再来看下面几个数列。

(1) $2, \dfrac{1}{2}, \dfrac{4}{3}, \dfrac{3}{4}, \cdots, \dfrac{n + (-1)^{n-1}}{n}, \cdots$

(2) $2, \dfrac{3}{2}, \dfrac{4}{3}, \cdots, \dfrac{n+1}{n}, \cdots$

(3) $1, \dfrac{1}{2}, \dfrac{1}{3}, \cdots, \dfrac{1}{n}, \cdots$

(4) $1, -1, 1, \cdots, (-1)^{n+1}, \cdots$

观察上述各数列，当项数 n 无限增大时，数列(1)(2) 无限地趋近于常数 1，数列(3) 无限地趋近于常数 0，换言之，当 n 无限增大时，数列中的 x_n 随着 n 的无限增大而趋于某个固定的常数，这时我们说该数列以这个常数为极限。

定义 1.2.1　给定数列 $\{x_n\}$，如果当 n 无限增大时，x_n 无限趋于某个确定的常数 A，则称 A 是数列 $\{x_n\}$ 的极限，或者数列 $\{x_n\}$ 收敛于 A，记作 $\lim\limits_{n \to \infty} x_n = A$，或 $x_n \to A (n \to \infty)$。

数列 $\{x_n\}$ 的极限是 A，我们也称数列 $\{x_n\}$ 收敛于 A；如果数列 $\{x_n\}$ 不存在极限，则称数列 $\{x_n\}$ 发散。容易看出数列（1）、（2）、（3）是收敛的，其极限可分别记为 $\lim\limits_{n\to\infty}\dfrac{n+(-1)^{n-1}}{n}=1$，$\lim\limits_{n\to\infty}\dfrac{n+1}{n}=1$，$\lim\limits_{n\to\infty}\dfrac{1}{n}=0$。数列（4）是发散的。

二、函数的极限

数列 $\{x_n\}$ 可以看作自变量为自然数 n 的函数 $f(n)$，把数列极限的定义推广，可以得到函数 $f(x)$ 的极限定义。根据自变量的变化过程分为以下两种情形。

1. $x\to\infty$ 时函数的极限

"$x\to\infty$"包括"$x\to+\infty$"和"$x\to-\infty$"。"$x\to+\infty$"是指自变量 x 取正值且无限增大，"$x\to-\infty$"是指自变量 x 取负值且绝对值无限增大，而"$x\to\infty$"是指自变量 x 的绝对值无限增大。在自变量 x 的 3 种不同的变化过程中，分别考察对应函数值的变化趋势。

比如函数 $f(x)=\dfrac{1}{x}$，观察当 $x\to+\infty$、$x\to-\infty$、$x\to\infty$ 时函数值的变化趋势。从图 1-1 中可以看出，当 $x\to+\infty$、$x\to-\infty$、$x\to\infty$ 时，函数值 $\dfrac{1}{x}$ 都无限趋近于 0。

一般的，有如下定义。

定义 1.2.2 对于函数 $f(x)$，如果当 $x\to\infty$ 时，函数 $f(x)$ 无限趋近于某一常数 A，则称 A 是函数 $f(x)$ 当 $x\to\infty$ 时的极限，记作 $\lim\limits_{x\to\infty}f(x)=A$ 或 $f(x)\to A(x\to\infty)$。同理可类似定义当 $x\to+\infty$，$x\to-\infty$ 时函数的极限，即

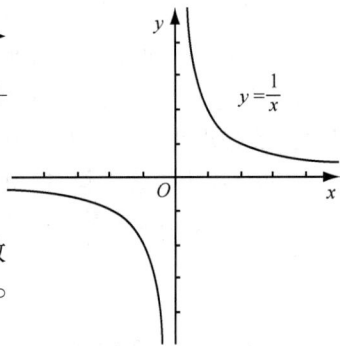

图 1-1

定义 1.2.3 对于函数 $f(x)$，如果当 $x\to+\infty$ 时，函数 $f(x)$ 无限趋近于某一常数 A，则称 A 是函数 $f(x)$ 当 $x\to+\infty$ 时的极限，记作 $\lim\limits_{x\to+\infty}f(x)=A$，或 $f(x)\to A(x\to+\infty)$。

定义 1.2.4 对于函数 $f(x)$，如果当 $x\to-\infty$ 时，函数 $f(x)$ 无限趋近于某一常数 A，则称 A 是函数 $f(x)$ 当 $x\to-\infty$ 时的极限，记作 $\lim\limits_{x\to-\infty}f(x)=A$，或 $f(x)\to A(x\to-\infty)$。

比如：$\lim\limits_{x\to+\infty}\mathrm{e}^{-x}=0$，$\lim\limits_{x\to-\infty}\arctan x=-\dfrac{\pi}{2}$，$\lim\limits_{x\to\infty}\dfrac{2x+1}{x}=2$，$\lim\limits_{x\to\infty}\left(1+\dfrac{1}{x}\right)=1$。

不难看出 $x\to\infty$ 时函数 $f(x)$ 极限存在的充要条件是 $\lim\limits_{x\to+\infty}f(x)$ 与 $\lim\limits_{x\to-\infty}f(x)$ 存在且相等时，$\lim\limits_{x\to\infty}f(x)$ 存在。并且如果 $\lim\limits_{x\to+\infty}f(x)=\lim\limits_{x\to-\infty}f(x)=A$，则 $\lim\limits_{x\to\infty}f(x)=A$。

例 1 讨论函数 $y=\dfrac{1}{x}+1$ 当 $x\to+\infty$ 和 $x\to-\infty$ 及 $x\to\infty$ 时的变化趋势。

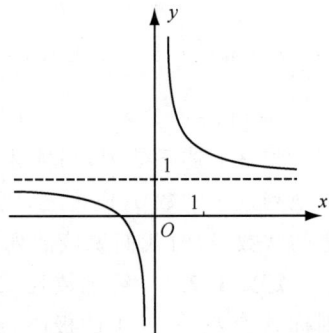

图 1-2

解　做出函数 $y = \dfrac{1}{x} + 1$ 的图像,如图 1-2 所示。

可以看出当 $x \to +\infty$ 和 $x \to -\infty$ 时,$y = \dfrac{1}{x} + 1 \to 1$

因此,当 $x \to \infty$ 时 $y = \dfrac{1}{x} + 1 \to 1$

即,$\lim\limits_{x \to \infty} \left(\dfrac{1}{x} + 1 \right) = 1$。

2. $x \to x_0$ 时函数的极限

在极限理论中,邻域是一个很重要的概念,补充定义如下。

定义 1.2.5　开区间 $(x - \delta, x + \delta)$ 称为以 x 为中心,以 $\delta(\delta > 0)$ 为半径的邻域,记作 $N(x, \delta)$,将 $(x_0 - \delta, x_0) \bigcup (x_0, x_0 + \delta)(\delta > 0)$ 称为 x_0 的去心邻域。

下面讨论当 $x \to x_0$ 时函数的极限问题。

"$x \to x_0$"是指自变量 x 从大于 x_0 的方向和小于 x_0 的方向同时趋向于 x_0,先考察自变量 x 无限接近于点 x_0 时,函数 $f(x)$ 的变化趋势,观察函数 $y = x + 1$,当 $x \to 1$ 时的变化趋势。很显然当 $x \to 1$ 时函数 $y = x + 1$ 无限接近于常数 2(如图 1-3 所示),因此有 $\lim\limits_{x \to 1}(x + 1) = 2$。

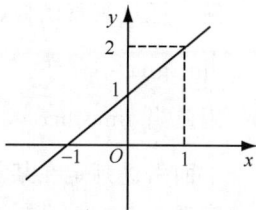

图 1-3

定义 1.2.6　设函数 $f(x)$ 在 x_0 的某个邻域(在 x_0 可以没有定义)内有定义,如果当 $x \to x_0$(但 $x \neq x_0$)时,函数 $f(x)$ 无限趋近于某个常数 A,则称 A 为函数 $f(x)$ 当 $x \to x_0$ 时的极限,记作 $\lim\limits_{x \to x_0} f(x) = A$ 或 $f(x) \to A(x \to x_0)$。

例 2　用极限定义说明 $\lim\limits_{x \to x_0} C = c$($c$ 为常数)。

解　因为常值函数 $y = c$ 无论 x 取何值函数值均为 c,故 $\lim\limits_{x \to x_0} C = c$。

例 3　讨论 $f(x) = \dfrac{x^2 - 1}{x - 1}$ 当 $x \to 1$ 时的极限。

解　函数 $f(x) = \dfrac{x^2 - 1}{x - 1}$ 在 $x = 1$ 没有定义,但是通过约分得 $f(x) = x + 1$,很显然当 $x \to 1$ 时函数 $y = x + 1$ 无限接近于常数 2(如图 1-4 所示),因此有 $\lim\limits_{x \to 1}(x + 1) = 2$。

因此　　　　$\lim\limits_{x \to 1} \dfrac{x^2 - 1}{x - 1} = 2$。

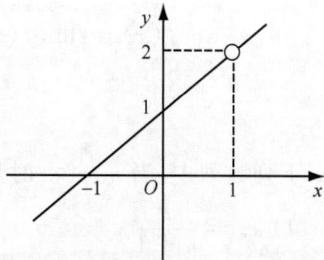

图 1-4

此例说明函数 $f(x) = \dfrac{x^2 - 1}{x - 1}$ 在 $x = 1$ 处没有定义,但仍存在极限。

注:函数 $f(x)$ 在 x_0 的极限是否存在与 $f(x)$ 在 x_0 处是否有定义无关。

3. 左、右极限的定义

在极限定义 1.2.6 中,若对 x 趋近于 x_0 的方向加以限制,即 x 只从 x_0 左侧趋近于 x_0(小于 x_0 的方向趋向于 x_0),或者只从 x_0 右侧趋近于 x_0(大于 x_0 的方向趋向于 x_0),则可以得到 $f(x)$ 在 x_0 点的左、右极限的定义。

定义 1.2.7 如果当 x 从 x_0 左侧（$x < x_0$）趋近于 x_0 时,函数 $f(x)$ 无限趋近于常数 A,则称 A 为函数 $f(x)$ 在点 x_0 处的左极限,记作 $\lim\limits_{x \to x_0^-} f(x) = A$ 或 $f(x_0 - 0) = A$ 或 $f(x) \to A (x \to x_0^-)$。

如果当 x 从 x_0 右侧（$x > x_0$）趋近于 x_0 时,函数 $f(x)$ 无限趋近于常数 A,则称 A 为函数 $f(x)$ 在点 x_0 处的右极限,记作 $\lim\limits_{x \to x_0^+} f(x) = A$ 或 $f(x_0 + 0) = A$ 或 $f(x) \to A(x \to x_0^+)$。

例 4 设 $\mathrm{sgn}x = \begin{cases} -1, & x < 0 \\ 0, & x = 0 \\ 1, & x > 0 \end{cases}$ （通常称此函数为符号函数）,讨论 $\lim\limits_{x \to 0^-} \mathrm{sgn}x$, $\lim\limits_{x \to 0^+} \mathrm{sgn}x$, $\lim\limits_{x \to 0} \mathrm{sgn}x$ 是否存在?

解 通过观察图像（如图 1-5 所示）可得 $\lim\limits_{x \to 0^-} \mathrm{sgn}x = -1$, $\lim\limits_{x \to 0^+} \mathrm{sgn}x = 1$,

$\lim\limits_{x \to 0} \mathrm{sgn}x$ 不存在。

因此当 $\lim\limits_{x \to 0^-} \mathrm{sgn}x \neq \lim\limits_{x \to 0^+} \mathrm{sgn}x$ 时,函数极限不存在。

下面引进判定在某点是否存在极限的定理。

定理 1.2.1 函数 $f(x)$ 在点 x_0 处存在极限的充分必要条件是 $f(x)$ 在点 x_0 的左、右极限都存在并且相等。

即 $\lim\limits_{x \to x_0} f(x) = A \Leftrightarrow \lim\limits_{x \to x_0^-} f(x) = \lim\limits_{x \to x_0^+} f(x) = A$

例 5 讨论 $f(x) = \begin{cases} x + 1, & x \geqslant 0 \\ 1 - x^2, & x < 0 \end{cases}$ 在 $x = 0$ 处的极限。

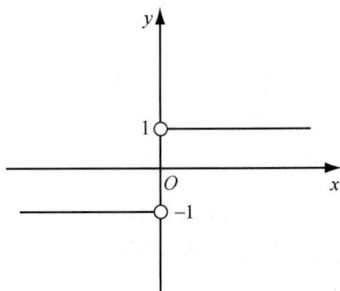

图 1-5

解 $\lim\limits_{x \to 0^-} f(x) = \lim\limits_{x \to 0^-}(1 - x^2) = 1$, $\lim\limits_{x \to 0^+} f(x) = \lim\limits_{x \to 0^+}(x + 1) = 1$,

由于 $\lim\limits_{x \to 0^-} f(x) = \lim\limits_{x \to 0^+} f(x) = 1$,故 $\lim\limits_{x \to 0} f(x) = 1$。

单元能力训练 1-2

1. 下列数列中,当 $n \to \infty$ 时是否存在极限? 若存在写出其极限。

(1) $x_n = \dfrac{n}{n + 1}$；

(2) $x_n = \dfrac{1}{2n - 1}$；

(3) $x_n = \dfrac{1}{2^n}$；

(4) $x_n = (-1)^n \dfrac{1}{n}$；

(5) $x_n = 2n$；

(6) $x_n = (-1)^n \dfrac{n}{n + 1}$。

2. 分析下列函数的变化趋势并求极限。

(1) $y = \dfrac{1}{x^2}(x \to \infty)$；

(2) $y = 2^x(x \to +\infty)$；

(3) $y = \cos x(x \to 0)$。

3. 函数 $f(x) = \begin{cases} x + 2, & x \geqslant 1 \\ 3x, & x < 1 \end{cases}$,求 $\lim\limits_{x \to 1^-} f(x)$, $\lim\limits_{x \to 1^+} f(x)$,并说明 $\lim\limits_{x \to 1} f(x)$ 是否存在。

4. 设函数 $f(x) = \begin{cases} x - 1, & x < 0 \\ 0, & x = 0 \\ x + 1, & x > 0 \end{cases}$,讨论 $\lim\limits_{x \to 0} f(x)$ 是否存在。

1.3 极限的运算

用定义计算函数的极限有一定的局限性,本节将介绍函数极限的运算方法。

一、极限四则运算法则

定理 1.3.1 设 $\lim f(x) = A$ 及 $\lim g(x) = B$,则

(1) $\lim[f(x) \pm g(x)] = \lim f(x) \pm \lim g(x) = A \pm B$;

(2) $\lim cf(x) = c\lim f(x) = cA$($c$ 为常数);

(3) $\lim[f(x)g(x)] = \lim f(x) \cdot \lim g(x) = A \cdot B$;

(4) $\lim \dfrac{f(x)}{g(x)} = \dfrac{\lim f(x)}{\lim g(x)} = \dfrac{A}{B}$($\lim g(x) \neq 0$)。

注:以上各结论中的极限过程都是相同的,其中(1)、(3)可推广到有限个函数的情形。特别地,$\lim[f(x)]^n = [\lim f(x)]^n$。

例 1 求 $\lim\limits_{x \to 1} \dfrac{x^2 + 2x + 5}{x + 1}$。

解 $\lim\limits_{x \to 1} \dfrac{x^2 + 2x + 5}{x + 1} = \dfrac{\lim\limits_{x \to 1}(x^2 + 2x + 5)}{\lim\limits_{x \to 1}(x + 1)} = 4$。

> **做中学**: 求 $\lim\limits_{x \to 1} \dfrac{(x - 1)^2}{x^2 - 1}$。

例 2 求 $\lim\limits_{x \to 3} \dfrac{x^2 + 2x - 15}{x^2 - 9}$。

解 $\lim\limits_{x \to 3} \dfrac{x^2 + 2x - 15}{x^2 - 9} = \lim\limits_{x \to 3} \dfrac{(x - 3)(x + 5)}{(x - 3)(x + 3)} = \lim\limits_{x \to 3} \dfrac{x + 5}{x + 3} = \dfrac{4}{3}$。

例 3 求 $\lim\limits_{x \to 4} \dfrac{x - 4}{\sqrt{x + 5} - 3}$。

解 $\lim\limits_{x \to 4} \dfrac{x - 4}{\sqrt{x + 5} - 3} = \lim\limits_{x \to 4} \dfrac{(x - 4)(\sqrt{x + 5} + 3)}{(\sqrt{x + 5} - 3)(\sqrt{x + 5} + 3)} = \lim\limits_{x \to 4}(\sqrt{x + 5} + 3) = 6$。

注:例 2、例 3 的极限问题是"$\dfrac{0}{0}$"待定型极限问题。计算"$\dfrac{0}{0}$"待定型极限,首先应进行恒等变形,消去 $\dfrac{0}{0}$ 因子,再根据极限运算法则进行运算。

例 4 求 $\lim\limits_{x \to 2}\left(\dfrac{x^2}{x^2 - 4} - \dfrac{1}{x - 2}\right)$。

解 此极限问题是"$\infty - \infty$"待定型极限问题,对其进行通分,转化成 $\dfrac{0}{0}$ 型,然后消去 $\dfrac{0}{0}$ 因子。

$$\lim\limits_{x \to 2}\left(\dfrac{x^2}{x^2 - 4} - \dfrac{1}{x - 2}\right) = \lim\limits_{x \to 2} \dfrac{x^2 - x - 2}{x^2 - 4} = \lim\limits_{x \to 2} \dfrac{(x - 2)(x + 1)}{(x - 2)(x + 2)} = \lim\limits_{x \to 2} \dfrac{x + 1}{x + 2} = \dfrac{3}{4}$$

二、两个重要极限

1. $\lim\limits_{x \to 0} \dfrac{\sin x}{x} = 1$（证明略）。

例 5 求 $\lim\limits_{x \to 0} \dfrac{\tan x}{x}$ 。

解 $\lim\limits_{x \to 0} \dfrac{\tan x}{x} = \lim\limits_{x \to 0} \dfrac{\sin x}{x} \cdot \dfrac{1}{\cos x} = \lim\limits_{x \to 0} \dfrac{\sin x}{x} \cdot \lim\limits_{x \to 0} \dfrac{1}{\cos x} = 1$ 。

做中学： 求 $\lim\limits_{x \to 0} \dfrac{\sin kx}{x}$

例 6 求 $\lim\limits_{x \to 0} \dfrac{1 - \cos x}{x^2}$ 。

解 $\lim\limits_{x \to 0} \dfrac{1 - \cos x}{x^2} = \lim\limits_{x \to 0} \dfrac{2 \sin^2 \frac{x}{2}}{x^2} = \dfrac{1}{2} \lim\limits_{x \to 0} \left(\dfrac{\sin \frac{x}{2}}{\frac{x}{2}} \right)^2 = \dfrac{1}{2}$ 。

2. $\lim\limits_{x \to \infty} \left(1 + \dfrac{1}{x} \right)^x = \mathrm{e}$（证明略）。

注：上述极限存在各种灵活的变形，例如，$\lim\limits_{x \to 0} (1 + x)^{\frac{1}{x}} = \mathrm{e}$，或 $\lim\limits_{f(x) \to \infty} \left[1 + \dfrac{1}{f(x)} \right]^{f(x)} = \mathrm{e}$，或 $\lim\limits_{f(x) \to 0} \left[1 + f(x) \right]^{\frac{1}{f(x)}} = \mathrm{e}$，等等。

例 7 求 $\lim\limits_{x \to \infty} \left(1 + \dfrac{3}{x} \right)^x$ 。

解 $\lim\limits_{x \to \infty} \left(1 + \dfrac{3}{x} \right)^x = \lim\limits_{x \to \infty} \left[\left(1 + \dfrac{3}{x} \right)^{\frac{x}{3}} \right]^3 = \mathrm{e}^3$ 。

做中学： 求 $\lim\limits_{x \to \infty} \left(1 - \dfrac{1}{x} \right)^x$ 。

例 8 求 $\lim\limits_{x \to \infty} \left(1 - \dfrac{1}{x} \right)^{2x+3}$ 。

解 $\lim\limits_{x \to \infty} \left(1 - \dfrac{1}{x} \right)^{2x+3} = \lim\limits_{x \to \infty} \left[\left(1 - \dfrac{1}{x} \right)^x \right]^2 \cdot \left(1 - \dfrac{1}{x} \right)^3 = \lim\limits_{x \to \infty} \left[\left(1 - \dfrac{1}{x} \right)^{-x} \right]^{(-2)} \cdot \lim\limits_{x \to \infty} \left(1 - \dfrac{1}{x} \right)^3 = \mathrm{e}^{-2}$ 。

例 9 求 $\lim\limits_{x \to \infty} \left(\dfrac{x+2}{x-3} \right)^{x+1}$ 。

解一 $\lim\limits_{x \to \infty} \left(\dfrac{x+2}{x-3} \right)^{x+1} = \lim\limits_{x \to \infty} \left(1 + \dfrac{5}{x-3} \right)^{x+1} = \lim\limits_{x \to \infty} \left(1 + \dfrac{5}{x-3} \right)^{\frac{x-3}{5} \cdot 5 + 4}$

$= \lim\limits_{x \to \infty} \left(1 + \dfrac{5}{x-3} \right)^{\frac{x-3}{5} \cdot 5} \cdot \left(1 + \dfrac{5}{x-3} \right)^4$

$= \left[\lim\limits_{x \to \infty} \left(1 + \dfrac{5}{x-3} \right)^{\frac{x-3}{5}} \right]^5 \cdot \left[\lim\limits_{x \to \infty} \left(1 + \dfrac{5}{x-3} \right) \right]^4 = \mathrm{e}^5 \cdot 1 = \mathrm{e}^5$ 。

解二　$\lim\limits_{x\to\infty}\left(\dfrac{x+2}{x-3}\right)^{x+1}=\lim\limits_{x\to\infty}\dfrac{\left(1+\dfrac{2}{x}\right)^{x+1}}{\left(1-\dfrac{3}{x}\right)^{x+1}}=\dfrac{\lim\limits_{x\to\infty}\left(1+\dfrac{2}{x}\right)^{\frac{x}{2}\cdot2}\left(1+\dfrac{2}{x}\right)}{\lim\limits_{x\to\infty}\left(1-\dfrac{3}{x}\right)^{-\frac{x}{3}\cdot(-3)}\left(1-\dfrac{3}{x}\right)}$

$=\dfrac{\lim\limits_{x\to\infty}\left(1+\dfrac{2}{x}\right)^{\frac{x}{2}\cdot2}\lim\limits_{x\to\infty}\left(1+\dfrac{2}{x}\right)}{\lim\limits_{x\to\infty}\left(1-\dfrac{3}{x}\right)^{-\frac{x}{3}\cdot(-3)}\lim\limits_{x\to\infty}\left(1-\dfrac{3}{x}\right)}=\dfrac{e^2\cdot1}{e^{-3}\cdot1}=e^5$。

单元能力训练 1-3

1. 计算下列各极限。

(1) $\lim\limits_{x\to-2}\dfrac{x^2-x-6}{x-2}$；

(2) $\lim\limits_{x\to2}\dfrac{x^2-x-6}{x+2}$；

(3) $\lim\limits_{x\to2}\dfrac{x^2-4}{x-2}$；

(4) $\lim\limits_{x\to0}\dfrac{4x^3-2x^2+x}{3x^2+2x}$；

(5) $\lim\limits_{u\to2}\dfrac{u^3+4u^2+4u}{(u+2)(u+3)}$；

(6) $\lim\limits_{\Delta x\to0}\dfrac{\sqrt{x+\Delta x}-\sqrt{x}}{\Delta x}$；

(7) $\lim\limits_{x\to0}\dfrac{1-\sqrt{1+x^2}}{x^2}$；

(8) $\lim\limits_{x\to-1}\left(\dfrac{1}{x+1}-\dfrac{3}{x^3+1}\right)$；

(9) $\lim\limits_{h\to0}\dfrac{(x+h)^3-x^3}{h}$；

(10) $\lim\limits_{t\to0}\left(\dfrac{1}{t}-\dfrac{1}{t^2+t}\right)$。

2. 计算下列各极限。

(1) $\lim\limits_{x\to0}\dfrac{\tan kx}{x}$（$k$ 为非零常数）；

(2) $\lim\limits_{x\to0}\dfrac{\sin5x}{\sin3x}$；

(3) $\lim\limits_{x\to0}\dfrac{x-\sin x}{x+\sin x}$；

(4) $\lim\limits_{x\to0}\dfrac{\sin2x-\sin\frac{x}{2}}{x}$；

(5) $\lim\limits_{x\to\infty}\left(1+\dfrac{1}{x}\right)^{2x}$；

(6) $\lim\limits_{x\to\infty}\left(1-\dfrac{1}{x}\right)^{3x}$；

(7) $\lim\limits_{x\to0}(1-4x)^{\frac{1}{x}}$；

(8) $\lim\limits_{x\to\frac{\pi}{2}}(1+\cot x)^{2\tan x}$；

(9) $\lim\limits_{x\to\infty}\left(1+\dfrac{1}{x+3}\right)^x$；

(10) $\lim\limits_{x\to\infty}\left(\dfrac{2x+3}{2x+1}\right)^{x+1}$。

1.4　无穷小量和无穷大量

一、无穷小量和无穷大量的概念

1. 无穷小量的定义

定义 1.4.1　如果 $\lim\limits_{x\to x_0}f(x)=0$，则称函数 $f(x)$ 为当 $x\to x_0$ 时的无穷小量,简称无穷

小。其中"$x \to x_0$"也可以换成"$x \to \infty$"。

例如，当 $x \to 0$ 时，$f(x) = x$，$f(x) = x^2$，$f(x) = \sin x$，$f(x) = 1 - \cos x$ 的极限都是 0，因此，这些函数均为当 $x \to 0$ 时的无穷小。

又如，$\lim\limits_{x \to \infty} \dfrac{1}{x} = 0$，所以 $\dfrac{1}{x}$ 为 $x \to \infty$ 时的无穷小；$\lim\limits_{x \to -\infty} e^x = 0$，所以 e^x 为 $x \to -\infty$ 时的无穷小。

注：(1) 无穷小是以 0 为极限的变量，它与绝对值很小的数有本质的不同. 如 10^{-30} 这个数虽然很小，但不是无穷小量；

(2) 常数中只有零可以看作无穷小量；

(3) 一个函数是否为无穷小量与其自变量的变化过程有关。如当 $x \to \infty$ 时，$\dfrac{1}{x}$ 为无穷小量，而 $x \to 1$ 时 $\dfrac{1}{x}$ 就不是无穷小量。

下面给出无穷小量与函数极限的关系。

定理 1.4.1　在自变量 x 的某个变化过程中，函数 $f(x)$ 以 A 为极限的充分必要条件是：$f(x)$ 可以表示为 A 与一个无穷小量 α 之和。

即 $\lim\limits_{x \to x_0} f(x) = A \Leftrightarrow f(x) = A + \alpha$，其中 $\lim\limits_{x \to x_0} \alpha = 0$（"$x \to x_0$" 也可 "$x \to \infty$"）。

根据无穷小量的定义可直接推出无穷小量的性质。

(1) 有限个无穷小量的代数和仍是无穷小量；

(2) 有限个无穷小量的乘积仍是无穷小量；

(3) 常数乘无穷小量仍是无穷小量；

(4) 有界变量与无穷小量的乘积仍是无穷小量。

我们可以利用无穷小的性质求极限。

例 1　求 $\lim\limits_{x \to \infty} \dfrac{\sin x}{x}$。

解　$\lim\limits_{x \to \infty} \dfrac{1}{x} = 0$，$|\sin x| \leqslant 1$，所以 $\lim\limits_{x \to \infty} \dfrac{\sin x}{x} = 0$。

2. 无穷大量的定义

定义 1.4.2　如果在 x 的某个变化过程中，$|f(x)|$ 无限增大，则称 $f(x)$ 为该过程中的无穷大量，简称无穷大，记作 $\lim f(x) = \infty$。

例如，$f(x) = \dfrac{1}{x}$ 为 $x \to 0$ 时的无穷大量，$f(x) = \dfrac{1}{x-1}$ 为 $x \to 1$ 时的无穷大量。

注：(1) 无穷大量是绝对值无限增大的变量，而非绝对值很大的一个数。

(2) 一个函数是否为无穷大量与其自变量的变化过程有关。如当 $x \to 0$ 时，$\dfrac{1}{x}$ 为无穷大量，而 $x \to \infty$ 时 $\dfrac{1}{x}$ 就是无穷小量。

通过观察，无穷小量与无穷大量有如下关系：

不是常数 0 的无穷小量的倒数是无穷大量，而无穷大量的倒数是无穷小量。例如，当

$x \to 0$ 时，x^3 是无穷小量，而 $\dfrac{1}{x^3}$ 是无穷大量；当 $x \to \infty$ 时，$x+1$ 是无穷大量，而 $\dfrac{1}{x+1}$ 是无穷小量。

利用无穷小量与无穷大量的关系可以计算函数的极限。

例 2　求 $\lim\limits_{x \to 2} \dfrac{x^2-3}{x-2}$。

解　因为 $x \to 2$ 时分母的极限是 0，又因 $\lim\limits_{x \to 2} \dfrac{x-2}{x^2-3} = 0$，所以 $\dfrac{x-2}{x^2-3}$ 是 $x \to 2$ 时的无穷小，于是有 $\lim\limits_{x \to 2} \dfrac{x^2-3}{x-2} = \infty$。

例 3　计算下列各极限。

(1) $\lim\limits_{x \to \infty} \dfrac{x^2+x+3}{x^3-x^2-1}$；　　　(2) $\lim\limits_{x \to \infty} \dfrac{3x^3-2x-5}{4x^3+x^2+3}$；　　　(3) $\lim\limits_{x \to \infty} \dfrac{x^3-x^2-1}{2x^2+x+2}$。

此例均属于"$\dfrac{\infty}{\infty}$"待定型极限问题。根据无穷大量与无穷小量的关系，分子分母同除以 x 的最高次幂，然后再根据极限的运算法则求极限。

解　(1) $\lim\limits_{x \to \infty} \dfrac{x^2+x+3}{x^3-x^2-1} = \lim\limits_{x \to \infty} \dfrac{\dfrac{1}{x}+\dfrac{1}{x^2}+\dfrac{3}{x^3}}{1-\dfrac{1}{x}-\dfrac{1}{x^3}} = \dfrac{\lim\limits_{x \to \infty}\left(\dfrac{1}{x}+\dfrac{1}{x^2}+\dfrac{3}{x^3}\right)}{\lim\limits_{x \to \infty}\left(1-\dfrac{1}{x}-\dfrac{1}{x^3}\right)} = 0$。

(2) $\lim\limits_{x \to \infty} \dfrac{3x^3-2x-5}{4x^3+x^2+3} = \lim\limits_{x \to \infty} \dfrac{3-\dfrac{2}{x^2}-\dfrac{5}{x^3}}{4+\dfrac{1}{x}+\dfrac{3}{x^3}} = \dfrac{\lim\limits_{x \to \infty}\left(3-\dfrac{2}{x^2}-\dfrac{5}{x^3}\right)}{\lim\limits_{x \to \infty}\left(4+\dfrac{1}{x}+\dfrac{3}{x^3}\right)} = \dfrac{3}{4}$。

(3) 先求 $\lim\limits_{x \to \infty} \dfrac{2x^2+x+2}{x^3-x^2-1}$，类似于第(1)小题，分子分母同除以 x^3，得

$$\lim\limits_{x \to \infty} \dfrac{\dfrac{2}{x}+\dfrac{1}{x^2}+\dfrac{2}{x^3}}{1-\dfrac{1}{x}-\dfrac{1}{x^3}} = 0。$$

由无穷小与无穷大的关系得知，$\lim\limits_{x \to \infty} \dfrac{x^3-x^2-1}{2x^2+x+2} = \infty$。

归纳：一般的，对于有理分式函数 $\dfrac{a_n x^n + a_{n-1} x^{n-1} + \cdots + a_1 x + a_0}{b_m x^m + b_{m-1} x^{m-1} + \cdots + b_1 x + b_0}$，$(a_n \neq 0, b_m \neq 0)$，当 $x \to \infty$ 时的极限有

$$\lim\limits_{x \to \infty} \dfrac{a_n x^n + a_{n-1} x^{n-1} + \cdots + a_1 x + a_0}{b_m x^m + b_{m-1} x^{m-1} + \cdots + b_1 x + b_0} = \begin{cases} 0, & n < m \\ \dfrac{a_n}{b_m}, & n = m \\ \infty, & n > m \end{cases}。$$

例 4　求 $\lim\limits_{x \to \infty} \dfrac{(2x-3)(x+2)^2}{1-3x^3}$。

解　因为分子、分母的最高次幂相同，均为 3，利用上述结论可得

$$\lim\limits_{x \to \infty} \dfrac{(2x-3)(x+2)^2}{1-3x^3} = \dfrac{2}{-3} = -\dfrac{2}{3}。$$

二、无穷小量的比较

在同一极限过程中不同的无穷小量趋于零的速度不尽相同，如当 $x \to 0$ 时，x^2，x^3 都是无穷小，但 $x^3 \to 0$ 比 $x^2 \to 0$ 快。为了区分这种不同，我们用两个无穷小 α 与 β 之比的极限 $\lim \dfrac{\alpha}{\beta}$ 来描述。

定义 1.4.3 设 α 与 β 为同一极限过程中的无穷小，且 $\beta \neq 0$，

（1）若 $\lim \dfrac{\alpha}{\beta} = 0$，则称 α 是比 β 高阶的无穷小，记作 $\alpha = o(\beta)$；

（2）若 $\lim \dfrac{\alpha}{\beta} = c$（$c$ 为非零常数），则称 α 与 β 是同阶无穷小；

（3）若 $\lim \dfrac{\alpha}{\beta} = 1$，则称 α 与 β 是等价无穷小，记作 $\alpha \sim \beta$。

如，$\lim\limits_{x \to \infty} \dfrac{\frac{1}{x^2}}{\frac{1}{x}} = \lim\limits_{x \to \infty} \dfrac{1}{x} = 0$，故当 $x \to \infty$ 时，$\dfrac{1}{x^2}$ 是比 $\dfrac{1}{x}$ 高阶的无穷小，即 $\dfrac{1}{x^2} = o\left(\dfrac{1}{x}\right)$，也就是说 $\dfrac{1}{x^2}$ 比 $\dfrac{1}{x}$ 收敛于 0 的速度快；又如，$\lim\limits_{x \to 0} \dfrac{\sin x}{x} = 1$，故当 $x \to 0$ 时，$\sin x$ 与 x 是等价无穷小，即 $\sin x \sim x (x \to 0)$。

下面给出常用的等价无穷小，当 $x \to 0$ 时，有

$x \sim \sin x$，$x \sim \tan x$，$x \sim \arcsin x$，$x \sim \arctan x$，$x \sim e^x - 1$，$x \sim \ln(1 + x)$。

$1 - \cos x \sim \dfrac{x^2}{2}$，$(1 + x)^{\alpha} - 1 \sim \alpha x (\alpha \neq 0)$。

在有些时候，等价无穷小量在求极限的过程中可以互相替换。

定理 1.4.2 （等价无穷小的替换原理）在自变量同一变化过程中，$\alpha, \alpha', \beta, \beta'$ 都是无穷小量，且 $\alpha \sim \alpha'$，$\beta \sim \beta'$，如果 $\lim \dfrac{\alpha'}{\beta'}$ 存在，那么 $\lim \dfrac{\alpha}{\beta} = \lim \dfrac{\alpha'}{\beta'}$（证明略）。

例 5 求 $\lim\limits_{x \to 0} \dfrac{\sin 5x}{\tan 3x}$。

解 因为 $x \to 0$ 时，$\sin 5x \sim 5x$，$\tan 3x \sim 3x$，所以 $\lim\limits_{x \to 0} \dfrac{\sin 5x}{\tan 3x} = \lim\limits_{x \to 0} \dfrac{5x}{3x} = \dfrac{5}{3}$。

例 6 求 $\lim\limits_{x \to 0} \dfrac{1 - \cos x}{x \cdot \arcsin 2x}$。

解 当 $x \to 0$ 时，$1 - \cos x \sim \dfrac{x^2}{2}$，$\arcsin 2x \sim 2x$，于是 $\lim\limits_{x \to 0} \dfrac{1 - \cos x}{x \cdot \arcsin 2x} = \lim\limits_{x \to 0} \dfrac{\frac{x^2}{2}}{x \cdot 2x}$
$= \dfrac{1}{4}$。

例 7 求 $\lim\limits_{x \to 0} \dfrac{\tan x - \sin x}{\sin^3 x}$。

解 $\lim\limits_{x \to 0} \dfrac{\tan x - \sin x}{\sin^3 x} = \lim\limits_{x \to 0} \dfrac{\sin x \cdot \frac{1 - \cos x}{\cos x}}{\sin^3 x} = \lim\limits_{x \to 0} \dfrac{1}{\cos x} \cdot \lim\limits_{x \to 0} \dfrac{1 - \cos x}{\sin^2 x} = 1 \cdot \lim\limits_{x \to 0} \dfrac{\frac{1}{2}x^2}{x^2}$

$= \dfrac{1}{2}$。

注：等价无穷小替换的原则是，在分子或分母为和式时，通常不能将和式中的某一项或若干项以其等价无穷小替换，而应将分子或分母整体的加以替换；若分子或分母为几个因子之积，则可将其中某个或某些因子以等价无穷小替换。

单元能力训练 1-4

1. 指出下列变量哪些是无穷小，哪些是无穷大。

(1) $y = \ln x\,(x \to 0^+)$；   (2) $y = \mathrm{e}^{\frac{1}{x}}\,(x \to 0^+)$；   (3) $y = \mathrm{e}^x\,(x \to -\infty)$；

(4) $y = \dfrac{1}{x-5}\,(x \to 5)$；   (5) $y = 2^{-x} - 1\,(x \to 0)$；   (6) $y = 1 - \cos x\,(x \to 0)$；

(7) $y = \ln(1+x)\,(x \to 0)$；   (8) $y = \dfrac{1+2x}{x^2}\,(x \to \infty)$。

2. 计算下列各极限。

(1) $\lim\limits_{x \to 0} x\cos\dfrac{1}{x}$；

(2) $\lim\limits_{x \to 1}(x-1)\cos\dfrac{1}{x-1}$；

(3) $\lim\limits_{x \to 0} x^2\sin\dfrac{1}{x}$；

(4) $\lim\limits_{x \to 0}\dfrac{x^2\cos x}{1+\mathrm{e}^x}$。

3. 计算下列各极限。

(1) $\lim\limits_{x \to \infty}\dfrac{x^2-x+3}{2x^2+1}$；

(2) $\lim\limits_{x \to \infty}\dfrac{2x^2+x}{3x^4-x+1}$；

(3) $\lim\limits_{x \to 2}\dfrac{x^2+x+6}{x-2}$；

(4) $\lim\limits_{x \to \infty}\dfrac{x^4-8x+1}{x^2+5}$；

(5) $\lim\limits_{x \to \infty}\dfrac{(2x-3)^{20}(3x+2)^{30}}{(5x+1)^{50}}$；

(6) $\lim\limits_{x \to \infty}\left(1+\dfrac{1}{x}\right)\left(2-\dfrac{1}{x^2}+\dfrac{1}{x}\right)$；

(7) $\lim\limits_{n \to \infty}\dfrac{(n+1)(n+2)(n+3)}{5n^3}$；

(8) $\lim\limits_{n \to \infty}\dfrac{1+2+3+\cdots+(n-1)}{n^2}$。

4. 当 $x \to 0$ 时，下列无穷小与 x 相比是怎样的无穷小？

(1) $x + \sin x^2$；

(2) $\sqrt{x} + \sin x$；

(3) $\ln(1+2x)$；

(4) $\sqrt{4+x} - 2$。

5. 计算下列各极限。

(1) $\lim\limits_{x \to 0}\dfrac{\sin(x^n)}{(\sin x)^m}$（$m,n$ 为正整数）；

(2) $\lim\limits_{x \to 0}\dfrac{(\mathrm{e}^x-1)\sin x}{1-\cos x}$；

(3) $\lim\limits_{x \to 0}\dfrac{(x+2)\sin x}{\arcsin 2x}$；

(4) $\lim\limits_{x \to 0}\dfrac{\tan x - \sin x}{\ln(1+x^3)}$。

1.5 函数的连续性

自然界中有很多现象都是连续变化的，如气温的变化、河水的流动、植物的生长，等等。这些现象反映在数学上就是函数的连续性。

一、函数连续性的概念

1. 函数在点 x_0 的连续性

例 1 根据图像考查下列函数的连续性，如图 1-6 所示。

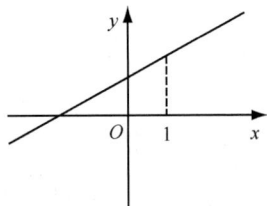

$$y_1 = x + 1 \qquad y_2 = \begin{cases} x + 1, & x \leqslant 1 \\ \dfrac{x}{2} + 2, & x > 1 \end{cases} \qquad y_3 = \dfrac{x^2 - 1}{x - 1}$$

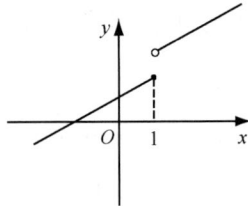

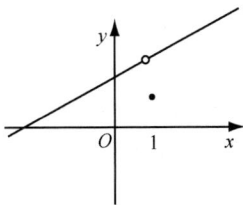

$$y_4 = \begin{cases} x + 1, & x \neq 1 \\ \dfrac{1}{2}, & x = 1 \end{cases} \qquad y_5 = \dfrac{1}{(1 - x)^2}$$

图 1-6

通过观察可以发现函数 $y = x + 1$ 在 $x = 1$ 处是连续的，而其他 4 个函数在 $x = 1$ 处都是断开的。不难看出，其原因是：①函数在 $x = 1$ 处没有定义，例如函数 $y_3 = \dfrac{x^2 - 1}{x - 1}$，$y_5 = \dfrac{1}{(1 - x)^2}$；②当 $x \to 1$ 时函数极限不存在，例如函数 $y_2 = \begin{cases} x + 1, & x \leqslant 1 \\ \dfrac{x}{2} + 2, & x > 1 \end{cases}$，$y_5 = \dfrac{1}{(1 - x)^2}$；③在 $x = 1$ 处有定义且极限存在但极限值不等于函数值，例如函数 $y_4 = \begin{cases} x + 1, & x \neq 1 \\ \dfrac{1}{2}, & x = 1 \end{cases}$。

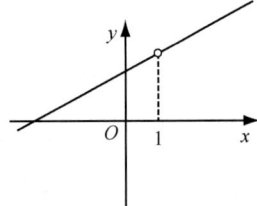

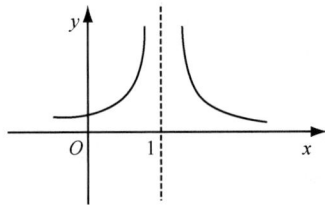

综合上述情况可得到连续函数的定义。

定义 1.5.1 设函数 $y = f(x)$ 在点 x_0 的某邻域内有定义，若 $\lim\limits_{x \to x_0} f(x) = f(x_0)$，则称函数 $f(x)$ 在点 x_0 连续。此时点 x_0 称为函数 $f(x)$ 的连续点。

容易看出连续的概念有以下 3 层含义：

(1) 函数 $f(x)$ 在点 x_0 的某邻域内有定义；

(2) $\lim\limits_{x \to x_0} f(x)$ 存在；

(3) $\lim\limits_{x\to x_0}f(x)=f(x_0)$。

根据左、右极限和函数的连续性定义得左、右连续的概念。

定义 1.5.2 若 $\lim\limits_{x\to x_0^-}f(x)=f(x_0)$，则称 $f(x)$ 在 x_0 左连续；若 $\lim\limits_{x\to x_0^+}f(x)=f(x_0)$，则称 $f(x)$ 在 x_0 右连续。

比如：函数 $y_2=\begin{cases}x+1, & x\leqslant 1\\ \dfrac{x}{2}+2, & x>1\end{cases}$，当 $x\to 1^-$，$f(x)\to 2$。而 $f(1)=2$，即 $\lim\limits_{x\to 1^-}f(x)=f(1)$。

所以函数在点 $x=1$ 处左连续。

又因为当 $x\to 1^+$，$f(x)\to 2.5$ 即 $\lim\limits_{x\to 1^+}f(x)\neq f(1)$，因此，函数在点 $x=1$ 处不是右连续。

因此，在点 $x=1$ 处不连续，如图 1-6 中的 y_2 图。

显然，函数 $f(x)$ 在某点连续的充分必要条件是 $f(x)$ 在该点既左连续又右连续。

2. 函数在区间上的连续性

定义 1.5.3 若函数 $f(x)$ 在开区间 (a,b) 内每一点都连续，则称 $f(x)$ 在 (a,b) 内连续；如果函数在 (a,b) 内连续，且在左端点右连续，在右端点左连续，则 $f(x)$ 在闭区间 $[a,b]$ 上连续。

从几何上看，一个区间上连续函数的图形是一条连绵不断的曲线（如图 1-7 所示）。

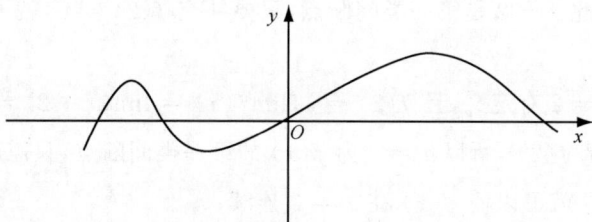

图 1-7

例 2 讨论函数 $f(x)=\begin{cases}2x+1, & x\leqslant 0\\ \cos x, & x>0\end{cases}$ 在 $x=0$ 是否连续。

解 $\lim\limits_{x\to 0^-}f(x)=\lim\limits_{x\to 0^-}(2x+1)=1$，$\lim\limits_{x\to 0^+}f(x)=\lim\limits_{x\to 0^+}\cos x=1$，且 $f(0)=1$，即 $f(x)$ 在 $x=0$ 既左连续又右连续，故 $f(x)$ 在 $x=0$ 连续。

例 3 函数 $f(x)=\begin{cases}x\sin\dfrac{1}{x}, & x<0\\ A, & x=0\\ \dfrac{\sin 2x}{x}+B, & x>0\end{cases}$，若 $f(x)$ 在 $x=0$ 连续，确定 A、B 的值。

解 因为 $\lim\limits_{x\to 0^-}f(x)=\lim\limits_{x\to 0^-}x\sin\dfrac{1}{x}=0$，

$$\lim\limits_{x\to 0^+}f(x)=\lim\limits_{x\to 0^+}\left(\dfrac{\sin 2x}{x}+B\right)=\lim\limits_{x\to 0^+}\dfrac{\sin 2x}{x}+B=\lim\limits_{x\to 0^+}\dfrac{2x}{x}+B=2+B。$$

因 $f(x)$ 在 $x=0$ 连续，故 $\lim\limits_{x \to 0^-} f(x) = \lim\limits_{x \to 0^+} f(x) = f(0)$

于是 $0 = 2 + B = A \Rightarrow A = 0, B = -2$。

二、函数的间断点

定义 1.5.4 设 $f(x)$ 在 x_0 的某去心邻域内有定义，若 $f(x)$ 在 x_0 处不连续，则称 $f(x)$ 在 x_0 间断，也称 x_0 为函数 $f(x)$ 的间断点。

根据图 1-6 所示，函数间断点有不同的形态，我们把间断点分成两类。

设 x_0 是函数 $f(x)$ 的间断点，如果 $f(x)$ 在 x_0 处的左、右极限都存在，则称 x_0 是 $f(x)$ 的第一类间断点。如果左、右极限中至少有一个不存在（包括无穷大），则称 x_0 是 $f(x)$ 的第二类间断点。例如，在图 1-6 中，$x_0 = 1$ 是 y_2, y_3, y_4 的第一类间断点，$x_0 = 1$ 是 y_5 的第二类间断点。第一类间断点经过补充定义或修改定义可以使其连续。

例 4 讨论下列函数在给定点的连续性。

(1) $f(x) = \dfrac{x^2 - 4}{x - 2}$，当 $x = 2$；   (2) $f(x) = \begin{cases} x + 2, & x \neq 2 \\ 1, & x = 2 \end{cases}$，当 $x = 2$；

(3) $f(x) = \begin{cases} x - 1, & x < 0 \\ 0, & x = 0 \\ x + 1, & x > 0 \end{cases}$，当 $x = 0$； (4) $f(x) = \dfrac{1}{x^2}$，当 $x = 0$。

解 (1) 因为 $f(x)$ 在 $x = 2$ 无定义，所以 $x = 2$ 为 $f(x)$ 的间断点，而 $\lim\limits_{x \to 2} \dfrac{x^2 - 4}{x - 2} = \lim\limits_{x \to 2}(x + 2) = 4$，因此 $x = 2$ 是第一类间断点，只要补充 $f(2) = 4$，就可以使 $f(x)$ 在 $x = 2$ 连续；

(2) $f(x)$ 在 $x = 2$ 有定义，且 $f(2) = 1$，$\lim\limits_{x \to 2} f(x) = \lim\limits_{x \to 2}(x + 2) = 4$ 存在。

由于 $\lim\limits_{x \to 2} f(x) \neq f(2)$，所以 $x = 2$ 为 $f(x)$ 的第一类间断点，只需改变 $f(x)$ 在 $x = 2$ 的定义为 $f(2) = 4$，就可以使 $f(x)$ 在 $x = 2$ 连续；

(3) 在 $x = 0$ 有定义，但 $\lim\limits_{x \to 0^-} f(x) = \lim\limits_{x \to 0^-}(x - 1) = -1$，$\lim\limits_{x \to 0^+} f(x) = \lim\limits_{x \to 0^+}(x + 1) = 1$，故 $\lim\limits_{x \to 0} f(x)$ 不存在，因此 $x = 0$ 为 $f(x)$ 的第一类间断点。我们也称具有这种特性（左右极限存在但不等）的间断点为 $f(x)$ 跳跃间断点；

(4) $f(x)$ 在 $x = 0$ 没有定义且 $\lim\limits_{x \to 0} f(x) = \lim\limits_{x \to 0} \dfrac{1}{x^2} = \infty$，所以 $x = 0$ 为 $f(x)$ 第二类间断点，我们又称这类间断点为无穷间断点。

（请学生自己画出上述例题中各函数的图形，结合图形分析各种间断点的情况。）

三、初等函数的连续性

1. 连续函数的四则运算

定理 1.5.1 设函数 $f(x), g(x)$ 在点 x_0 连续，则

(1) $f(x) \pm g(x)$ 在点 x_0 连续；

(2) $f(x)g(x)$ 在点 x_0 连续；

(3) $\dfrac{f(x)}{g(x)}(g(x) \neq 0)$ 在点 x_0 连续。

2. 复合函数的连续性

定理 1.5.2 设函数 $y = f(u)$ 在点 u_0 连续，函数 $u = \varphi(x)$ 在点 x_0 连续，且 $\varphi(x_0) = u_0$，则复合函数 $y = f[\varphi(x)]$ 在点 x_0 连续。

3. 反函数的连续性

定理 1.5.3 若函数 $y = f(x)$ 在某区间上单调增加(减少)且连续，则它的反函数 $x = f^{-1}(y)$ 在对应的区间上也单调增加(减少)且连续。

我们知道基本初等函数在它们的定义域内都是连续的，在上述三个定理的基础上，就可以得到：一切初等函数在其定义域内都是连续的。

例 5 求 $f(x) = x\sin\dfrac{1}{x}$ 的间断点和连续区间。

解 因为 $f(0)$ 无定义，故 $x = 0$ 为函数的间断点，$f(x)$ 的定义域为 $(-\infty, 0) \bigcup (0, +\infty)$，因为 $f(x)$ 为初等函数，所以连续区间为 $(-\infty, 0) \bigcup (0, +\infty)$。

4. 利用连续性求极限

根据初等函数的连续性，求初等函数在定义域内某点的极限，可转化为求初等函数在该点的函数值；连续的复合函数还可以交换函数运算和极限运算的次序。

例 6 求 $\lim\limits_{x \to 2} \sqrt{5 - x^2}$。

解 $\lim\limits_{x \to 2} \sqrt{5 - x^2} = \sqrt{5 - 2^2} = 1$。

例 7 求 $\lim\limits_{x \to 0} \dfrac{\ln(1 + x)}{x}$。

解 $\lim\limits_{x \to 0} \dfrac{\ln(1 + x)}{x} = \lim\limits_{x \to 0} \ln(1 + x)^{\frac{1}{x}} = \ln[\lim\limits_{x \to 0} (1 + x)^{\frac{1}{x}}] = \ln e = 1$。

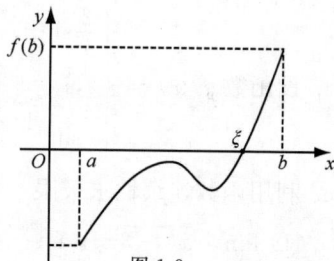

图 1-8

四、闭区间上连续函数的性质

定理 1.5.4(最值定理) 闭区间上的连续函数一定有最大值和最小值。

定理 1.5.5(介值定理) 函数 $f(x)$ 在 $[a, b]$ 上连续，那么对于介于最大值 M 与最小值 m 之间的任意常数 c，至少存在一点 $\xi \in (a, b)$，使得 $f(\xi) = c$。

下面的零点定理是它的特殊情形，经常使用。

定理 1.5.6(零点定理) 函数 $f(x)$ 在 $[a, b]$ 上连续且 $f(a)f(b) < 0$，则至少存在一点 $\xi \in (a, b)$，使 $f(\xi) = 0$。

零点定理也称根的存在性定理，从几何上看(如图 1-8 所示)，连续曲线 $y = f(x)$ 从 x 轴下方的点 $(a, f(a))$ 到 x 轴上方的点 $(b, f(b))$ 时，至少与 x 轴有一个交点 $(\xi, 0)$，此时，ξ 就是 $f(x) = 0$ 在区间 (a, b) 上的一个根，即 $f(\xi) = 0$，也即 ξ 为函数 $y = f(x)$ 的一个零点。

例 8 证明方程 $x^5 - 5x - 1 = 0$ 在 $(1, 2)$ 内至少有一个根。

证明 设 $f(x)=x^5-5x-1$，因为 $f(x)$ 的定义域为 $(-\infty,+\infty)$，因此 $f(x)$ 在 $[1,2]$ 上连续，且 $f(1)=-5<0$，$f(2)=21>0$，有 $f(1)f(2)<0$，由零点定理知至少存在一点 $\xi\in(1,2)$，使得 $f(\xi)=0$，即 $x^5-5x-1=0$ 在 $(1,2)$ 内至少有一个根。

单元能力训练 1-5

1. 讨论下列函数在给定点的连续性。

(1) $f(x)=\begin{cases}\dfrac{1}{1-x}, & x\neq 1 \\ 2, & x=1\end{cases}(x=1)$；

(2) $f(x)=\begin{cases}\mathrm{e}^x, & x<0 \\ x^2, & x\geqslant 0\end{cases}(x=0)$；

(3) $f(x)=\begin{cases}\dfrac{x^2-1}{x-1}, & x\neq 1 \\ 2, & x=1\end{cases}(x=1)$；

(4) $f(x)=\begin{cases}1+x^2, & x<1 \\ 4-x, & x\geqslant 1\end{cases}(x=1)$。

2. 求下列函数的间断点，并判断类型。

(1) $f(x)=\dfrac{1}{(x-2)^2}$；

(2) $f(x)=\cos^2\dfrac{1}{x}$；

(3) $f(x)=\begin{cases}x^2+1, & x<0 \\ 0, & x=0 \\ x-1 & x>0\end{cases}$；

(4) $f(x)=\begin{cases}\mathrm{e}^x+1, & x\neq 0 \\ 1, & x=0\end{cases}$。

3. 求下列函数的连续区间。

(1) $y=\ln(x-1)$；

(2) $y=\dfrac{x^2-1}{x^2-3x+1}$。

4. 设函数 $f(x)=\begin{cases}\dfrac{2}{x}\sin x, & x<0 \\ k, & x=0 \\ x\sin\dfrac{1}{x}+2, & x>0\end{cases}$，在定义域上连续，确定 k 的值。

5. 利用函数连续性求极限。

(1) $\lim\limits_{x\to 0}\sqrt{x^3-3x}+1$；

(2) $\lim\limits_{x\to\frac{\pi}{9}}\cos 3x\ln 2$；

(3) $\lim\limits_{x\to 0}\arctan\sqrt{\dfrac{x^2+1}{x+1}}$；

(4) $\lim\limits_{x\to 0}\dfrac{\sqrt{1+x}-1}{x}$。

6. 证明方程 $x\cdot 2^x=1$ 在 $(0,1)$ 内至少有一根。

1.6　函数与极限的应用

一、函数的应用

成本函数：成本是企业在进行生产活动中所使用生产要素的价格，即生产费用。总成本 C 与产量 x 之间的关系称为**总成本函数**，它由固定成本 C_0 和可变成本 $V(x)$ 两部分组成，固定成本为常数，可变成本是 x 的函数，因此，总成本是 x 的函数，记作：$C(x)=C_0+V(x)$。

收益函数：收益是生产者出售商品的收入，平均收益是销售单位商品的价格，总收益是指将一定量的产品出售后所得到的全部收入，总收益 R 与销售量 x 的关系称为**总收益函数**。若产品的销售单价为 p，销售量为 x，则总收益函数为 $R(x) = px$。

利润函数：总收益函数与总成本函数之差即为**总利润函数**，若产品的销售量即是生产量，则生产 x 单位产品的总利润为 $L(x) = R(x) - C(x)$。

例1　某工厂生产某种产品，每天最多生产 100 吨，它的日固定成本是 130 万元，每生产 1 吨成本增加 7 万元，求该厂日产量的总成本函数。

解　设该厂日产 x 吨的产品，$x \in [0, 100]$，则总成本函数 $C(x)$ 为

$$C(x) = 130 + 7x, x \in [0, 100]。$$

例2　某商品每件售价 60 元，成本为 30 元，厂家为鼓励大量采购，决定凡是一次购买 200 件以上的，超出 200 件的商品以每件 50 元的优惠价出售，(1) 将一次成交的销售收入 R 表示成销售量 x 的函数；(2) 写出一次成交的销售利润 L 与销售量 x 之间的函数关系。

解　(1) 由题意知，当 $0 \leqslant x \leqslant 200$ 时，$R(x) = 60x$，当 $x > 200$ 时，其中 200 件每件 60 元，($x - 200$) 件每件 50 元，此时 $R(x) = 12000 + 50(x - 200) = 50x + 2000$，综上即得 $R(x) = \begin{cases} 60x, & 0 \leqslant x \leqslant 200 \\ 50x + 2000, & x > 200 \end{cases}$。

(2) 销售 x 件商品的成本为 $30x$，故

$$L(x) = R(x) - 30x = \begin{cases} 30x, & 0 \leqslant x \leqslant 200 \\ 20x + 2000, & x > 200 \end{cases}。$$

二、极限的应用——复利计息问题

作为第二个重要极限的应用，我们介绍复利与连续复利计息公式的应用。

根据经济教学案例，当本金为 a，年利率为 r，一年均分为 t 期计息时，连续复利的复利公式为

$$S_n = \lim_{t \to \infty} a \left(1 + \frac{r}{t}\right)^{nt} = a \lim_{t \to \infty} \left(1 + \frac{r}{t}\right)^{nt} = a \lim_{t \to \infty} \left[\left(1 + \frac{r}{t}\right)^{\frac{t}{r}}\right]^{rn}$$

$$= a \left[\lim_{t \to \infty} \left(1 + \frac{r}{t}\right)^{\frac{t}{r}}\right]^{rn} = a e^{rn}$$

即 $S_n = a e^{rn}$。

下面用连续复利计息公式来计算下列问题。

例3　有本金 10000 元，存款一年，年利率为 12%，求到期本利之和。

(1) 如果一年计息 1 期；　　　　　(2) 按连续复利计息。

解　(1) 由公式可得到期本利之和为 $S_1 = 10000(1 + 12\%) = 11200$（元）；

(2) 由公式可得到期本利之和为 $S_1 = 10000 e^{0.12 \times 1} = 10000 \times 1.127497 = 11274.97$（元）。

> **做中学**：某工厂为提高生产效率购进一批先进的生产仪器，贷款 20 万美元，以复利计息，年利率 5%，10 年后一次还本付息，试确定贷款到期时还款总额（按连续计息）。

单元能力训练 1-6

1. 设某商品的成本函数和收入函数分别为 $C = 21 + 5x, R = 8x$，试求：

   (1) 该商品的利润函数；

   (2) 销量为 4 时的总利润及平均利润；

   (3) 销量为 10 时，是盈利还是亏损？

2. 用分期付款方式购买一套价值为 50 万元的商品房，设贷款期限为 10 年，年利率为 4%，试计算 10 年末还款的本利和。(1) 按离散情况计息，每年计息 1 期；(2) 按连续复利计息。

3. 设贷款期限为 5 年的年利率为 3.5%，则贷款 10 万元购买的一辆轿车，5 年末还款的本利和是多少？（按连续复利计息）

4. 设某年我国人口总数是 A_0，年平均增长率为 r（实际上人口是每时每刻增长着的），假定单位时间内的增长率相同，试求 t 年后我国人口总数。

第二章
导数及其应用

导数亦名微商又称变化率,产生于 17 世纪,创始人为牛顿和莱布尼兹。

导数与微分是微分学中两个最重要的概念。导数,从本质上看,它是一类特殊形式的极限,它是函数变化率的度量,是刻画函数对于自变量变化的快慢程度的数学抽象。微分,它是函数增量的线性主部,它是函数增量的近似表示。微分与导数密切相关,这两个函数之间存在着等价关系。导数与微分都有实际背景,都可以给出几何解释,因而它们都会有广泛的实际应用。它们在解决几何问题,寻求函数的极值与最值,以及解决边际分析等问题中都有重要作用。

本章主要介绍导数和微分的概念及导数和微分的基本运算,并应用导数来研究函数以及曲线的某些性态,利用这些知识解决一些实际问题。例如,在物理学中可以用位移的导数表示运动物体的瞬时速度,用速度的导数表示加速度;在几何上可以用函数在某点的导数表示曲线在该点的切线斜率,还可以用导数表示经济学中的边际函数和弹性,等等。在日常生活、企业生产和销售中,常常会遇到求什么条件下可以使材料最省、成本最少、效率最高、利润最大等问题,用本章所学知识就可以解决此类问题中的最大值和最小值问题。

经济问题教学案例

某企业的生产函数为

$$Q = f(K, L) = kL - 0.5L^2 - 0.32K^2$$

其中 Q 表示产量;K 表示资本;L 表示劳动力数量。(1)若劳动力 $L = 5$ 个单位,如果资本在 $K = 4$ 个单位的基础上增加一个单位,预测产量有什么变化?(2)若资本 $K = 20$ 个单位,当总产量和平均产量分别达到极大值时企业雇佣的劳动力数量是多少?

解决类似这些问题必须具有导数的知识,下面介绍导数及其导数的有关应用。

2.1 导数的概念

导数的基本概念在高中阶段已经学习过,为了更加详细的研究一元函数的微分问题,有必要复习一下它们的基本内容。

一、两个引例

1. 切线问题

切线的定义:设有曲线 C 及 C 上一点 M(如图 2-1 所示)在点 M 外另取 C 上一点 N,

做割线 MN 。当点 N 沿曲线 C 趋于点 M 时,如果割线 MN 绕点 M 旋转而趋于极限位置 MT,直线 MT 就称为曲线 C 在点 M 处的切线。这里极限位置的含义是:只要弦长 $|MN|$ 趋于零,$\angle NMT$ 也趋于零。

设曲线 C 为函数 $y=f(x)$ 的图形,设 $M(x_0,y_0)$ 是曲线上一个点,则 $y_0=f(x_0)$。根据上述切线的定义,要定出曲线 C 在点 M 处的切线,只要定出切线的斜率就行了。为此在 C 上于点 M 外另取一点 $N(x,y)$,于是割线 MN 的斜率为

$$\tan\emptyset=\frac{\Delta y}{\Delta x}=\frac{f(x_0+\Delta x)-f(x_0)}{\Delta x}$$

式中 $\emptyset$ 为割线 MN 的倾角,当点 N 沿曲线 C 趋于点 M 时,$\Delta x\rightarrow 0$,如果当 $\Delta x\rightarrow 0$ 时,上式的极限存在,设为 k,即 $k=\lim\limits_{\Delta x\rightarrow 0}$ $\frac{f(x_0+\Delta x)-f(x_0)}{\Delta x}$ 存在,则此极限 k 是

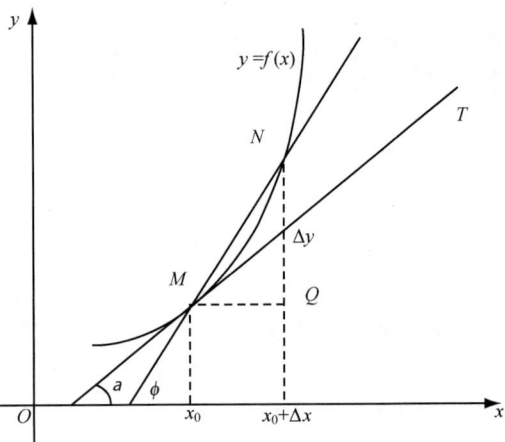

图 2-1　切线问题

割线斜率的极限,也就是切线的斜率,这里 $k=\tan\alpha$,其中 α 为切线 MT 的倾角。于是,通过点 $M(x_0,f(x_0))$ 且以 k 为斜率的直线 MT 便是曲线 C 在点 M 处的切线。事实上,$\angle NMT=\emptyset-\alpha$,以及 $\Delta x\rightarrow 0$ 时 $\emptyset\rightarrow\alpha$,可见,$\Delta x\rightarrow 0$ 时(这时 $|MN|\rightarrow 0$),$\angle NMT\rightarrow 0$。因此直线 MT 确为曲线 C 在点 M 处的切线。

2. 边际产量

在教学案例中给定资本 $K=4$ 时一个改变量 ΔK,相应的生产函数改变量 $\Delta Q=f(4+\Delta K,5)-f(4,5)=5\Delta K-2.56\Delta K-0.32(\Delta K)^2=2.44\Delta K-0.32(\Delta K)^2$,则

$$\frac{\Delta Q}{\Delta K}=\frac{2.44\Delta k-0.32(\Delta k)^2}{\Delta k}=2.44-0.32\Delta k$$

为生产函数 Q 在资本区间 $[4,4+\Delta k]$ 上的平均变化率,当 $\Delta k\rightarrow 0$ 时,极限

$$\lim_{\Delta K\rightarrow 0}\frac{\Delta Q}{\Delta K}=\lim_{\Delta K\rightarrow 0}(2.44-0.32\Delta k)=2.44$$

为生产函数 Q 在资本 $K=4$ 时的瞬时变化率,经济学中称为边际产量,可以理解为在资本 $K=4$ 的基础上增加一个单位,生产量将上升 2.44 个单位。

二、导数的定义

定义 2.1.1　设函数 $y=f(x)$ 在点 x_0 的某个邻域内有定义,当自变量在点 x_0 处有增量 Δx 时,函数对应的增量为 Δy,若极限 $\lim\limits_{\Delta x\rightarrow 0}\frac{\Delta y}{\Delta x}=\lim\limits_{\Delta x\rightarrow 0}\frac{f(x_0+\Delta x)-f(x_0)}{\Delta x}$ 存在,则称此极限值为函数在 x_0 点的导数,记作 $f'(x_0)$,$y'|_{x=x_0}$,$\dfrac{\mathrm{d}y}{\mathrm{d}x}\Big|_{x=x_0}$ 或 $\dfrac{\mathrm{d}f(x)}{\mathrm{d}x}\Big|_{x=x_0}$,这时也称函数在点 x_0 可导;如果此极限不存在,则称函数在 x_0 点不可导或无导数。

注:在上述的定义中,如果令 $x=x_0+\Delta x$,则 $\Delta x=x-x_0$,当 $\Delta x\rightarrow 0$ 时,有 $x\rightarrow x_0$,

于是，

$$f'(x_0) = \lim_{x \to x_0} \frac{f(x) - f(x_0)}{x - x_0}。$$

例 1　求函数 $y = x^3$ 在点 $x = 1$ 处的导数。

解　当 x 从 1 变到 $1 + \Delta x$ 时，函数对应的增量为 $\Delta y = (1 + \Delta x)^3 - 1^3 = 3\Delta x + 3(\Delta x)^2 + (\Delta x)^3$

$$\frac{\Delta y}{\Delta x} = 3 + 3\Delta x + (\Delta x)^2, \lim_{\Delta x \to 0} \frac{\Delta y}{\Delta x} = \lim_{\Delta x \to 0} [3 + 3\Delta x + (\Delta x)^2] = 3$$

所以，$f'(1) = 3$

导数的几何意义：函数 $f(x)$ 在点 x_0 处的导数 $f'(x_0)$ 是曲线 $y = f(x)$ 在点 $P(x_0, f(x_0))$ 处的切线的斜率，即 $k = f'(x_0)$（如图 2-2 所示），曲线在点 $(x_0, f(x_0))$ 处的切线方程为

$$y - f(x_0) = f'(x_0)(x - x_0)$$

法线方程为

$$y - f(x_0) = -\frac{1}{f'(x_0)}(x - x_0)(f'(x_0) \neq 0)$$

若函数 $f(x)$ 在区间 (a, b) 内每一点处都可导，则称 $f(x)$ 在区间 (a, b) 内可导。这时，对于 (a, b) 内的每一点 x，都有一个导数值 $f'(x)$ 与之对应，所以 $f'(x)$ 也是 x 的函数，叫作 $f(x)$ 的导函数，简称导数，记作 $f'(x), y', \dfrac{\mathrm{d}y}{\mathrm{d}x}$ 或 $\dfrac{\mathrm{d}f}{\mathrm{d}x}$。

图 2-2

显然，函数 $f(x)$ 在 x_0 处的导数 $f'(x_0)$ 等于导函数 $f'(x)$ 在 x_0 的值。

例 2　求函数 $y = \dfrac{1}{x}$ 的导数。

解

$$\Delta y = \frac{1}{x + \Delta x} - \frac{1}{x} = \frac{-\Delta x}{x(x + \Delta x)}$$

$$\frac{\Delta y}{\Delta x} = \frac{-1}{x(x + \Delta x)}$$

$$\lim_{\Delta x \to 0} \frac{\Delta y}{\Delta x} = \lim_{\Delta x \to 0} \frac{-1}{x(x + \Delta x)} = -\frac{1}{x^2}$$

$$y' = -\frac{1}{x^2}$$

根据导数的定义，总结求函数 $f(x)$ 的导数的一般步骤。

(1) 求 $\Delta y = f(x + \Delta x) - f(x)$；

(2) 求 $\dfrac{\Delta y}{\Delta x} = \dfrac{f(x + \Delta x) - f(x)}{\Delta x}$；

(3) 求极限 $\lim\limits_{\Delta x \to 0} \dfrac{\Delta y}{\Delta x}$。

注：导数的经济意义很多，如生产量对资本的瞬时变化率，即边际产量以及商品的市场需求量对价格的瞬时变化率等都是导数问题。

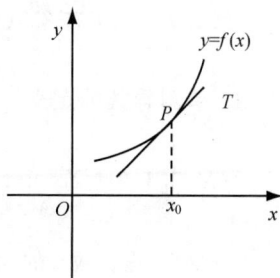

例 3 求曲线 $y = \dfrac{1}{x}$ 在点 $\left(\dfrac{1}{2}, 2\right)$ 处的切线和法线方程。

解 由导数的几何意义，所求切线的斜率为

$$y'\big|_{x=\frac{1}{2}} = \left(-\frac{1}{x^2}\right)\Big|_{x=\frac{1}{2}} = -4$$

切线方程为 $\qquad y - 2 = -4\left(x - \dfrac{1}{2}\right)$，即 $4x + y - 4 = 0$

法线方程为 $\qquad y - 2 = \dfrac{1}{4}\left(x - \dfrac{1}{2}\right)$，即 $2x - 8y + 15 = 0$

三、左、右导数（单侧导数）

1. 单侧导数的定义

定义 2.1.2 若 $\displaystyle\lim_{\Delta x \to 0^+} \frac{f(x_0 + \Delta x) - f(x_0)}{\Delta x}$ $\left(\text{或} \displaystyle\lim_{x \to x_0^+} \frac{f(x) - f(x_0)}{x - x_0}\right)$ 存在，则称其为

$f(x)$ 在点 x_0 处的右导数，记作 $f'_+(x_0)$；若 $\displaystyle\lim_{\Delta x \to 0^-} \frac{f(x_0 + \Delta x) - f(x_0)}{\Delta x}$

$\left(\text{或} \displaystyle\lim_{x \to x_0^-} \frac{f(x) - f(x_0)}{x - x_0}\right)$ 存在，则称其为 $f(x)$ 在点 x_0 处的左导数，记作 $f'_-(x_0)$。在 x_0

点的左、右导数统称为 $f(x)$ 在点 x_0 处的单侧导数。

2. $f'(x_0)$ 存在的条件

根据导数定义及极限存在的充要条件可知，函数 $f(x)$ 在点 x_0 可导的充要条件是在该点其左、右导数存在且相等。

例 4 讨论函数 $f(x) = |x|$ 在 $x = 0$ 处的可导性。

解 $\Delta y = f(0 + \Delta x) - f(0) = |\Delta x|$，$\dfrac{\Delta y}{\Delta x} = \dfrac{|\Delta x|}{\Delta x}$

$$\lim_{\Delta x \to 0^-} \frac{\Delta y}{\Delta x} = \lim_{\Delta x \to 0^-} \frac{-\Delta x}{\Delta x} = -1 = f'_-(0), \quad \lim_{\Delta x \to 0^+} \frac{\Delta y}{\Delta x} = \lim_{\Delta x \to 0^+} \frac{\Delta x}{\Delta x} = 1 = f'_+(0)$$

故函数 $f(x) = |x|$ 在 $x = 0$ 处不可导。

若函数 $f(x)$ 在开区间 (a, b) 内可导，且 $f'_+(a)$，$f'_-(b)$ 存在，则称 $f(x)$ 在闭区间 $[a, b]$ 上可导。

四、可导与连续的关系

设函数 $y = f(x)$ 在点 x_0 可导，即 $\displaystyle\lim_{x \to x_0} \frac{f(x) - f(x_0)}{x - x_0} = f'(x_0)$，所以，

$$\lim_{x \to x_0}(f(x) - f(x_0)) = \lim_{x \to x_0}\left(\frac{f(x) - f(x_0)}{x - x_0}(x - x_0)\right) = \lim_{x \to x_0} \frac{f(x) - f(x_0)}{x - x_0} \lim_{x \to x_0}(x - $$

$x_0) = 0$，即 $\displaystyle\lim_{x \to x_0} f(x) = f(x_0)$，这说明函数 $y = f(x)$ 在点 x_0 处连续。

定理 2.1.1 若函数 $f(x)$ 在点 x_0 可导，那么函数 $y = f(x)$ 在点 x_0 一定连续，反之不一定成立。

例 5 证明函数 $y=|x|$ 在 $x=0$ 处(如图 2-3 所示)连续但不可导。

解 $\Delta y=|0+\Delta x|-|0|=|\Delta x|$,且 $\lim\limits_{\Delta x\to 0}\Delta y$ $=\lim\limits_{\Delta x\to 0}|\Delta x|=0$,所以函数 $y=|x|$ 在 $x=0$ 处连续。但

$$\lim_{\Delta x\to 0}\frac{\Delta y}{\Delta x}=\lim_{\Delta x\to 0}\frac{|\Delta x|}{\Delta x}$$

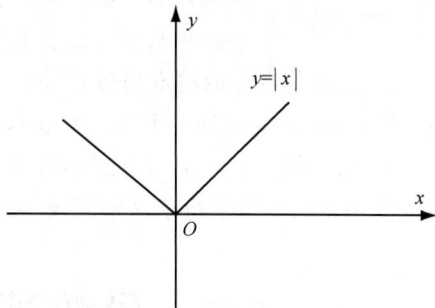

图 2-3

于是,$\lim\limits_{\Delta x\to 0^+}\dfrac{\Delta y}{\Delta x}=\lim\limits_{\Delta x\to 0^+}\dfrac{|\Delta x|}{\Delta x}=\lim\limits_{\Delta x\to 0^+}\dfrac{\Delta x}{\Delta x}=1,$

$$\lim_{\Delta x\to 0^-}\frac{\Delta y}{\Delta x}=\lim_{\Delta x\to 0^-}\frac{|\Delta x|}{\Delta x}=\lim_{\Delta x\to 0^-}\frac{-\Delta x}{\Delta x}=-1,$$

故极限 $\lim\limits_{\Delta x\to 0}\dfrac{\Delta y}{\Delta x}$ 不存在,所以函数 $y=|x|$ 在 $x=0$ 处不可导。

这说明函数在一点连续是在该点可导的必要条件。

例 6 设函数 $f(x)=\begin{cases}\mathrm{e}^x, & x<0 \\ a+bx, & x\geqslant 0\end{cases}$,为使函数在 $x=0$ 处连续且可导,a,b 应取何值?

解 $\lim\limits_{x\to 0^-}f(x)=\lim\limits_{x\to 0^-}\mathrm{e}^x=1,\lim\limits_{x\to 0^+}f(x)=\lim\limits_{x\to 0^+}(a+bx)=a$

为使 $f(x)$ 在点 $x=0$ 连续,有 $f(0)=a$,故 $a=1$

又因 $\lim\limits_{\Delta x\to 0^-}\dfrac{f(0+\Delta x)-f(0)}{\Delta x}=\lim\limits_{\Delta x\to 0^-}\dfrac{\mathrm{e}^{\Delta x}-1}{\Delta x}=1=f'_-(0)$

$$\lim_{\Delta x\to 0^+}\frac{f(0+\Delta x)-f(0)}{\Delta x}=\lim_{\Delta x\to 0^+}\frac{1+b\Delta x-1}{\Delta x}=b=f'_+(0)$$

为使函数在 $x=0$ 处可导,有 $b=1$。

所以要使 $f(x)$ 在 $x=0$ 处连续且可导,$a=1,b=1$。

做中学: 已知某产品的成本函数为 $C(Q)=1000+\dfrac{Q^2}{10}$,求当 $Q=120$ 时的总成本、平均成本,并预测当产量在 120 的基础上再增加一个单位时产品成本的变化。

单元能力训练 2-1

1. 填空题。

(1) 函数 $y=f(x)$ 在点 x_0 处可导且曲线在点 $(x_0,f(x_0))$ 的切线平行于 x 轴,则 $f'(x_0)$ _____。

(2) 函数在点 x_0 处可导是在该点连续的 _____ 条件。

(3) 曲线 $y=x^3$ 在点 _____ 和点 _____ 的切线斜率都等于 3。

2. 讨论下列函数在指定点处的连续性与可导性。

(1) $f(x)=\begin{cases}2x\sin\dfrac{1}{x}, & x\neq 0 \\ 0, & x=0\end{cases}$ 在 $x=0$ 处。

(2) $f(x) = \begin{cases} x+2, & 0 \leqslant x < 1 \\ 3x-1, & x \geqslant 1 \end{cases}$ 在 $x=1$ 处。

3. 已知某商品的成本函数 $C(x) = x^2 + 1000$，求此物体在产量 $x=200$ 时的平均成本，并预测在产量增加一个单位时成本的变化。

4. 在抛物线 $y = x^2$ 上取横坐标为 $x_1 = 1, x_2 = 3$ 的两点，做过这两点的割线，问抛物线上哪一点的切线平行于这条割线，并求这条切线的方程。

2.2 导数基本公式及运算法则

上节我们看到，用定义求导数比较麻烦甚至很困难，借助导数基本公式和导数的运算法则，就能比较方便地求出函数的导数。

一、导数基本公式

1. $(c)' = 0$（c 为常数）   2. $(x^\alpha)' = \alpha x^{\alpha-1}$（$\alpha$ 为任意实数）

3. $(a^x)' = a^x \ln a$（$a > 0$ 且 $a \neq 1$）   特别的，$(e^x)' = e^x$

4. $(\log_a x)' = \dfrac{1}{x \ln a}$（$a > 0$ 且 $a \neq 1$）   特别的，$(\ln x)' = \dfrac{1}{x}$

5. $(\sin x)' = \cos x$ 6. $(\cos x)' = -\sin x$

7. $(\tan x)' = \sec^2 x = \dfrac{1}{\cos^2 x}$ 8. $(\cot x)' = -\csc^2 x = -\dfrac{1}{\sin^2 x}$

9. $(\sec x)' = \sec x \tan x$ 10. $(\csc x)' = -\csc x \cot x$

11. $(\arcsin x)' = \dfrac{1}{\sqrt{1-x^2}}$ 12. $(\arccos x)' = -\dfrac{1}{\sqrt{1-x^2}}$

13. $(\arctan x)' = \dfrac{1}{1+x^2}$ 14. $(\text{arccot} x)' = -\dfrac{1}{1+x^2}$

根据导数定义及导数的运算法则，可推出这些导数基本公式。它们是今后我们求导数的基础，一定要熟练掌握。

二、导数的四则运算法则

1. 和差的求导法则

设函数 $u = u(x)$ 和 $v = v(x)$ 在点 x 处可导，则 $y = u(x) \pm v(x)$ 在点 x 处也可导，且有 $(u \pm v)' = u' \pm v'$。该公式可推广到有限多个函数代数和的求导法则，即

$$[f_1(x) \pm f_2(x) \pm \cdots \pm f_n(x)]' = f'_1(x) \pm f'_2(x) \pm \cdots \pm f'_n(x)。$$

例 1 设 $y = 3^x - \log_a x + \sin x - \cos x + e$，求 y'。

解 $y' = (3^x - \log_a x + \sin x - \cos x + e)'$

$= (3^x)' - (\log_a x)' + (\sin x)' - (\cos x)' + (e)'$

$= 3^x \ln 3 - \dfrac{1}{x \ln a} + \cos x + \sin x$

2. 乘积的求导法则

设函数 $u = u(x)$ 和 $v = v(x)$ 在点 x 处可导,则 $y = u(x)v(x)$ 在点 x 处也可导,且有 $(uv)' = u'v + uv'$。该公式可推广到有限多个函数的乘积的求导法则,即

$$(f_1 f_2 \cdots f_n)' = f'_1 f_2 \cdots f_n + f_1 f'_2 \cdots f_n + \cdots + f_1 f_2 \cdots f'_n$$

特别地,若 $v = c$ 为常数,则 $(cu)' = cu'$ 即常数因子可以提到导数符号外面。

例 2 设 $y = e^x(\sin x + \cos x)$,求 y'。

解 $y' = [e^x(\sin x + \cos x)]'$
$= (e^x)'(\sin x + \cos x) + e^x(\sin x + \cos x)'$
$= e^x(\sin x + \cos x) + e^x(\cos x - \sin x)$
$= 2e^x \cos x$

3. 商的求导法则

设函数 $u = u(x)$ 和 $v = v(x)$ 在点 x 处可导,且 $v(x) \neq 0$,则 $y = \dfrac{u(x)}{v(x)}$ 在点 x 处可导,且有 $\left(\dfrac{u}{v}\right)' = \dfrac{u'v - uv'}{v^2}$

例 3 设 $y = \dfrac{x+1}{\ln x}$,求 y'。

解 $y' = \dfrac{(x+1)'\ln x - (x+1)(\ln x)'}{(\ln x)^2}$

$= \dfrac{\ln x - (x+1) \cdot \dfrac{1}{x}}{\ln^2 x} = \dfrac{x \ln x - x - 1}{x \ln^2 x}$

例 4 设 $y = \tan x$,求 y'。

解 $y' = (\tan x)' = \left(\dfrac{\sin x}{\cos x}\right)'$

$= \dfrac{(\sin x)' \cos x - \sin x (\cos x)'}{\cos^2 x}$

$= \dfrac{\cos^2 x + \sin^2 x}{\cos^2 x} = \dfrac{1}{\cos^2 x} = \sec^2 x$

例 5 设 $y = \sec x$,求 y' 及 $y'\left(\dfrac{\pi}{4}\right)$。

解 $y' = (\sec x)' = \left(\dfrac{1}{\cos x}\right)'$

$= \dfrac{(1)' \cos x - 1(\cos x)'}{\cos^2 x} = \dfrac{\sin x}{\cos^2 x} = \sec x \tan x$

$y'\left(\dfrac{\pi}{4}\right) = (\sec x \tan x)\big|_{x=\frac{\pi}{4}} = \sec \dfrac{\pi}{4} \cdot \tan \dfrac{\pi}{4} = \sqrt{2}$

例 6 设 $y = \dfrac{x \sin x}{1 + \ln x}$,求 y'。

解 $y' = \left(\dfrac{x\sin x}{1+\ln x}\right)' = \dfrac{(x\sin x)'(1+\ln x) - x\sin x\,(1+\ln x)'}{(1+\ln x)^2}$

$\qquad = \dfrac{(\sin x + x\cos x)(1+\ln x) - x\sin x \cdot \dfrac{1}{x}}{(1+\ln x)^2}$

$\qquad = \dfrac{x\cos x + x\cos x\ln x + \sin x\ln x}{(1+\ln x)^2}$

三、复合函数的求导法则

若 $u = \varphi(x)$ 在点 x 处可导，而 $y = f(u)$ 在点 $u = \varphi(x)$ 处可导，那么复合函数 $y = f[\varphi(x)]$ 在点 x 处可导，且 $\dfrac{\mathrm{d}y}{\mathrm{d}x} = f'(u) \cdot \varphi'(x) = f'[\varphi(x)] \cdot \varphi'(x)$ 即 $y'_x = y'_u \cdot u'_x$。

复合函数的求导法则亦称链式法则。它可推广到多个中间变量的情形。

例如 $y = f(u)$，$u = \varphi(v)$，$v = \psi(x)$，则复合函数 $y = f\{\varphi[\psi(x)]\}$ 的导数为 $\dfrac{\mathrm{d}y}{\mathrm{d}x} = f'(u) \cdot \varphi'(v) \cdot \psi'(x)$，即 $y'_x = y'_u \cdot u'_v \cdot v'_x$

例 7 设 $y = (1-2x)^{10}$，求 y'。

解 因为 $y = (1-2x)^{10}$ 是由 $y = u^{10}$，$u = 1-2x$ 复合而成的，所以

$\qquad y' = y'_u \cdot u'_x = (u^{10})' \cdot (1-2x)'$

$\qquad\qquad = 10u^9 \cdot (-2) = -20(1-2x)^9$

例 8 设 $y = \ln\cos x$，求 y'。

解 $y = \ln\cos x$ 是由 $y = \ln u$，$u = \cos x$ 复合而成，

$\qquad y' = (\ln u)' \cdot (\cos x)' = \dfrac{1}{u} \cdot (-\sin x) = -\tan x$

熟悉该法则后，求导时可不必写出中间变量，重要的是每一步对哪个变量求导必须清楚，对中间变量的求导绝不能遗漏。

例 9 设 $y = \mathrm{e}^{x^5}$，求 y'。

解 $y' = (\mathrm{e}^{x^5})' = \mathrm{e}^{x^5} \cdot 5x^4 = 5x^4\mathrm{e}^{x^5}$

例 10 设 $y = \sin\dfrac{3x}{1+x^2}$，求 y'。

解 $y' = \left(\sin\dfrac{3x}{1+x^2}\right)'$

$\qquad = \cos\dfrac{3x}{1+x^2} \cdot \dfrac{3(1+x^2) - 3x \cdot 2x}{(1+x^2)^2}$

$\qquad = \dfrac{3(1-x^2)}{(1+x^2)^2}\cos\dfrac{3x}{1+x^2}$

例 11 设 $y = \mathrm{e}^{\sin\frac{1}{x}}$，求 y'。

解 $y' = (\mathrm{e}^{\sin\frac{1}{x}})' = \mathrm{e}^{\sin\frac{1}{x}} \cdot \cos\dfrac{1}{x} \cdot \left(-\dfrac{1}{x^2}\right) = -\dfrac{1}{x^2}\mathrm{e}^{\sin\frac{1}{x}}\cos\dfrac{1}{x}$

从以上例题可以看出，应用复合函数求导法则求函数的导数，关键是把函数正确分解为若干个简单函数。

四、隐函数求导法则

1. 隐函数的定义

定义 2.2.1 由二元方程 $F(x,y) = 0$ 所确定的 y 与 x 的函数关系称为隐函数。例如 $x^2 + y^2 = 4$，$xy = \mathrm{e}^{\frac{x}{y}}$，$\sin(x^2 y) - 5x = 0$ 等。

函数 $y = f(x)$ 称为显函数，有些隐函数可以化为显函数，例如 $2x^2 - y + 4 = 0$ 可化为 $y = 2x^2 + 4$。而有些隐函数不能化为显函数，例如 $\mathrm{e}^x + \mathrm{e}^y - xy = 0$。因此有必要讨论隐函数的求导法则。

下面我们讨论隐函数求导方法。

2. 求导法则

若由 $F(x,y) = 0$ 确定 y 是 x 的函数，从方程 $F(x,y) = 0$ 出发求 y' 的步骤。

(1) 将方程 $F(x,y) = 0$ 两端同时对 x 求导，在求导过程中视 y 为 x 的函数；

(2) 求导之后得到关于 y' 的方程，解此方程得 y' 的表达式，此表达式中允许含有 y。

例 12 求由方程 $y = 1 + x\mathrm{e}^y$ 所确定的隐函数 $y = y(x)$ 的导数 y'。

解 将方程两端对 x 求导，

$$y' = \mathrm{e}^y + x\mathrm{e}^y \cdot y' , \text{故 } y' = \frac{\mathrm{e}^y}{1 - x\mathrm{e}^y} 。$$

例 13 求由方程 $y^5 + 2y - x - 3x^7 = 0$ 所确定的隐函数 $y = y(x)$ 在 $x = 0$ 处的导数 $y'|_{x=0}$。

解 方程两端对 x 求导得 $5y^4 \cdot y' + 2y' - 1 - 21x^6 = 0$

故 $y' = \dfrac{21x^6 + 1}{5y^4 + 2}$，所以，$y'|_{x=0} = \dfrac{1}{2}$。

例 14 设 $y = x^{\sin x} (x > 0)$，求 y'。

解 两端取对数得 $\ln y = \sin x \ln x$

两端对 x 求导得 $\dfrac{1}{y} \cdot y' = \cos x \ln x + \dfrac{\sin x}{x}$，

所以，$y' = y\left(\cos x \ln x + \dfrac{\sin x}{x}\right) = x^{\sin x}\left(\cos x \ln x + \dfrac{\sin x}{x}\right)$。

例 15 设 $y = \sqrt{\dfrac{(x+1)(x-2)}{(x-3)(x+4)}}$，求 y'。

解 两端取对数得 $\ln y = \dfrac{1}{2}\left[\ln(x+1) + \ln(x-2) - \ln(x-3) - \ln(x+4)\right]$，

两端对 x 求导得 $\dfrac{1}{y} \cdot y' = \dfrac{1}{2}\left(\dfrac{1}{x+1} + \dfrac{1}{x-2} - \dfrac{1}{x-3} - \dfrac{1}{x+4}\right)$，

所以 $y' = \dfrac{1}{2}\sqrt{\dfrac{(x+1)(x-2)}{(x-3)(x+4)}}\left(\dfrac{1}{x+1} + \dfrac{1}{x-2} - \dfrac{1}{x-3} - \dfrac{1}{x+4}\right)$。

以上两个例题所用方法称为对数求导法。

做中学： 求复合函数 $y = e^{\sin x} + \ln \sqrt{x^2 + 1}$ 的导数。

单元能力训练 2-2

1. 填空题。

(1) 设曲线 $y = 2x^2 - x + 3$ 在点 M 处的切线斜率为 3，则点 M 的坐标为_____；

(2) 设函数 $y = \sqrt{x}(x - 2\sqrt{x})$，则 $f'(4) =$ _____；

(3) 一质点作直线运动，其方程为 $s = 2t^2 - t$，则其在时刻 $t = 1$ 时速度是_____；

(4) 设曲线 $y = \dfrac{1-x}{1+x}$ 在点 M 处的切线平行于直线 $y = -2x$，则 M 点的坐标是____；

(5) 已知 $f(x) = a_0 x^n + a_1 x^{n-1} + \cdots + a_{n-1} x + a_n$，则 $\left[f(5)\right]' =$ _____；

(6) 设 $f(x) = x(x-1)(x-2)(x-3)$，则 $f'(3) =$ _____。

2. 求下列函数的导数。

(1) $y = x^5 + \dfrac{2}{x} - \ln 5$ ； (2) $y = x^2(2 + \sqrt{x})$ ；

(3) $y = x^2 - 3\sin x$ ； (4) $y = x\tan x - 2\cos x$ ；

(5) $y = xe^x - e^x$ ； (6) $y = x^2 \ln x + 2\cot x$ ；

(7) $y = \dfrac{x}{1 + x^2}$ ； (8) $y = x\sin x \ln x$ ；

(9) $y = \dfrac{x^3 + 2}{e^x}$ ； (10) $y = (2 + \sec t)\sin t$ 。

3. 求下列复合函数的导数。

(1) $y = (4x + 1)^5$ ； (2) $y = 5e^{-2x} - 1$ ；

(3) $y = \sin 3^x$ ； (4) $y = 5^{\sin x}$ ；

(5) $y = \ln\tan\dfrac{x}{2}$ ； (6) $y = \sec^2 x$ ；

(7) $y = \sin\sqrt{x^2 + 1}$ ； (8) $y = \ln(\ln(\ln x))$ ；

(9) $y = \ln(x + \sqrt{x^2 + a^2})$ （a 为常数）； (10) $y = \sin^2 x \cos 2x$ 。

4. 求由下列方程所确定的隐函数的导数 $\dfrac{\mathrm{d}y}{\mathrm{d}x}$ 。

(1) $e^x - e^y - \arctan y = 6$ ； (2) $\sqrt{x} + \sqrt{y} = \sqrt{a}$ （常数 $a > 0$）；

(3) $xy = e^{x+y}$ ； (4) $x = y + \arctan y$ ；

(5) $\arctan\dfrac{y}{x} = \ln\sqrt{x^2 + y^2}$ ； (6) $y^x = x^y$ ；

(7) $y = \sqrt{\dfrac{(x-1)(x^2+1)}{(x+3)(2-x)}}$ ； (8) $y = (\sin x)^{\cos x}$ 。

2.3 高阶导数

函数 $y = f(x)$ 的导数 $y' = f'(x)$ 仍是 x 的函数，因此对它还可以求导数。

定义 2.3.1　如果函数 $y = f(x)$ 的导数 $y' = f'(x)$ 在点 x 处可导,则称 $f'(x)$ 在点 x 处的导数为 $f(x)$ 在点 x 处的二阶导数。记作 y'',$f''(x)$,$\dfrac{\mathrm{d}^2 y}{\mathrm{d}x^2}$ 或 $\dfrac{\mathrm{d}^2 f}{\mathrm{d}x^2}$。

类似地,函数 $y'' = f''(x)$ 的导数称为 $y = f(x)$ 的三阶导数。记作 y''',$f'''(x)$,$\dfrac{\mathrm{d}^3 y}{\mathrm{d}x^3}$ 或 $\dfrac{\mathrm{d}^3 f}{\mathrm{d}x^3}$。

一般地 $y = f(x)$ 的 $n-1$ 阶导数的导数称为 $f(x)$ 的 n 阶导数。记作 $y^{(n)}$,$f^{(n)}(x)$,$\dfrac{\mathrm{d}^n y}{\mathrm{d}x^n}$ 或 $\dfrac{\mathrm{d}^n f}{\mathrm{d}x^n}$,$(n \geqslant 4)$

二阶和二阶以上的导数称为函数的高阶导数。函数 $y = f(x)$ 在点 x_0 的 n 阶导数记为 $f^{(n)}(x_0)$,$y^{(n)}(x_0)$ 或 $\dfrac{\mathrm{d}^n y}{\mathrm{d}x^n}\bigg|_{x=x_0}$　等。

由定义可知,$f(x)$ 的 n 阶导数是由对 $f(x)$ 连续地依次求 n 次导数得到。

例 1　$y = x^n$ (n 为正整数),求 $y^{(k)}$。

解　(1) 若 $k < n$,$y' = nx^{n-1}$,$y'' = n(n-1)x^{n-2}$,$\cdots$,$y^{(k)} = n(n-1)\cdots(n-k+1)x^{n-k}$

(2) 若 $k = n$,$y^{(k)} = n(n-1)\cdots(n-n+1)x^{n-n} = n!$

(3) 若 $k > n$,$y^{(k)} = 0$

例 2　设 $y = \mathrm{e}^{ax}$,求 $y^{(n)}$。

解　$y' = (\mathrm{e}^{ax})' = a\mathrm{e}^{ax}$,$y'' = a^2 \mathrm{e}^{ax}$,$\cdots\cdots$,$y^{(n)} = a^n \mathrm{e}^{ax}$。

特别地,$(\mathrm{e}^x)^{(n)} = \mathrm{e}^x$。

例 3　设 $y = \ln(x+1)$,求 $y^{(n)}$。

解　$y' = \dfrac{1}{x+1}$,$y'' = -\dfrac{1}{(x+1)^2}$,$y''' = \dfrac{2}{(x+1)^3}$,$\cdots\cdots$

$$y^{(n)} = (-1)^{n-1}\dfrac{(n-1)!}{(x+1)^n}。$$

例 4　设 $y = \sin x$,求 $y^{(n)}$。

解　$y' = \cos x = \sin\left(x + \dfrac{\pi}{2}\right)$

$$y'' = \cos\left(x + \dfrac{\pi}{2}\right) = \sin\left(x + 2 \cdot \dfrac{\pi}{2}\right)$$

$$y''' = \cos\left(x + 2 \cdot \dfrac{\pi}{2}\right) = \sin\left(x + 3 \cdot \dfrac{\pi}{2}\right)$$

$\cdots\cdots$

$$y^{(n)} = \sin\left(x + n \cdot \dfrac{\pi}{2}\right)。$$

类似地可得 $(\cos x)^{(n)} = \cos\left(x + n \cdot \dfrac{\pi}{2}\right)$。

例 5　设 $y = \ln(1 + x^2)$,求 $y''(0)$。

解　$y' = \dfrac{2x}{1+x^2}$,$y'' = \dfrac{2(1+x^2) - 2x \cdot 2x}{(1+x^2)^2} = \dfrac{2(1-x^2)}{(1+x^2)^2}$

$y''(0) = 2$。

例 6 求由方程 $xe^y - y + e = 0$ 所确定的隐函数 $y = y(x)$ 的二阶导数 y''。

解 方程两端对 x 求导数 $\qquad e^y + xe^y \cdot y' - y' = 0 \qquad\qquad (1)$

所以 $\qquad\qquad\qquad\qquad\qquad y' = \dfrac{e^y}{1 - xe^y} \qquad\qquad\qquad\qquad (2)$

对(1)式两边关于 x 求导数，$e^y \cdot y' + e^y \cdot y' + xe^y (y')^2 + xe^y \cdot y'' - y'' = 0$

$$y'' = \frac{e^y y' (2 + xy')}{1 - xe^y} \qquad\qquad (3)$$

将(2)式代入(3)式并整理得

$$y'' = \frac{e^{2y}(2 - xe^y)}{(1 - xe^y)^3}$$

做中学： 已知 $f(x) = \ln\dfrac{1}{1-x}$，求 $f^{(n)}(0)$。

单元能力训练 2-3

1. 填空题。

    (1) 设 $y = \ln x$，则 $y'' = $ _____。

    (2) 已知 $f(x) = x^3 - x^2 + x + 1$，则 $f''(0) = $ _____。

    (3) 函数 $y = \ln(1 - 2x)$，则 $y'' = $ _____。

    (4) 若 $y = x^n + e^x$，则 $y^{(n)} = $ _____。

2. 求下列函数的二阶导数。

    (1) $y = e^{3x-1}$；   (2) $y = x\cos x$；

    (3) $y = \ln(1 - x^2)$；   (4) $y = x^3 \ln x$；

    (5) $y = \sqrt{x^2 - 1}$；   (6) $y = (1 + x^2)\arctan x$。

3. 求下列函数在指定点的二阶导数。

    (1) $y = x\sqrt{x^2 - 16}$，求 $f''(5)$；   (2) $y = (\cos\ln x)^2$，求 $y''(e)$。

4. 求下列函数的 n 阶导数。

    (1) $y = xe^x$；   (2) $y = \cos x$；

    (3) $f(x) = \ln\dfrac{1}{1-x}$，求 $f^{(n)}(0)$。

5. 求由下列方程所确定的隐函数 $y = y(x)$ 的二阶导数。

    (1) $x^2 - y^2 = 1$；   (2) $y = 1 + xe^y$。

2.4 微分及其应用

在导数概念中，讨论了函数的增量 Δy 与自变量 Δx 的增量之比 $\dfrac{\Delta y}{\Delta x}$，当 $\Delta x \to 0$ 时的极限，它反映了函数在点 x_0 处变化的快慢程度。在实际问题中，需要讨论 Δy 随 Δx 的变化情况,而用 $\Delta y=f(x_0+\Delta x)-f(x_0)$ 比较麻烦,于是我们要寻求较简单的办法解决这个问题。当我们掌握了求函数导数的各种方法之后,自然想到是否可以用导数表示函数的增量。

一、微分概念

我们先讨论一个具体问题。设一正方形的金属薄片受温度变化的影响,其边长从 x_0 变化到 $x_0+\Delta x$ (如图 2-4 所示),问该薄片的面积改变了多少?

此薄片在温度变化前后的面积分别为

$$S(x_0)=x_0^2,S(x_0+\Delta x)=(x_0+\Delta x)^2,$$

所以,受温度变化的影响,薄片面积的改变量为

$$\Delta S=S(x_0+\Delta x)-S(x_0)=(x_0+\Delta x)^2-x_0^2$$
$$=2x_0\Delta x+(\Delta x)^2。$$

ΔS 由两部分组成:第一部分 $2x_0\Delta x$ 是 Δx 的线性函数;第二部分是 $(\Delta x)^2$ 。当 $\Delta x\to 0$ 时,第二部分是一个比 Δx 高阶的无穷小,即 $(\Delta x)^2=o(\Delta x)(\Delta x\to 0)$ 。由此可见,如果边长的改变很微小,即 $|\Delta x|$ 很小时,面积的改变量 ΔS 可以近似地用第一部分 $2x_0\Delta x$ 来代替,而且 $|\Delta x|$ 越小,近似程度也越好,即 $\Delta S\approx 2x_0\Delta x$ 。

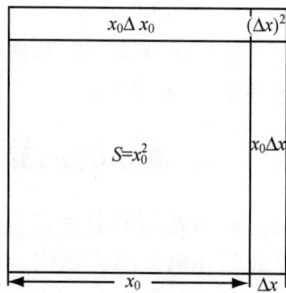

图 2-4

1. 微分的定义

设函数 $y=f(x)$ 在点 x_0 处可导,则 $\lim\limits_{\Delta x\to 0}\dfrac{\Delta y}{\Delta x}=f'(x_0)$,由极限与无穷小的关系,

$\dfrac{\Delta y}{\Delta x}=f'(x_0)+\alpha$,其中 $\lim\limits_{\Delta x\to 0}\alpha=0$,从而 $\Delta y=f'(x_0)\Delta x+\alpha\Delta x$

上式右边第一项是关于 Δx 的线性函数,称为 Δy 的线性主部,第二项是比 Δx 高阶的无穷小量,于是当 $|\Delta x|$ 很小时, $\Delta y\approx f'(x_0)\Delta x$ 。

定义 2.4.1　设函数 $y=f(x)$ 在点 x_0 处可导,则称 $f'(x_0)\Delta x$ 为函数 $f(x)$ 在点 x_0 处的微分,这时也称 $f(x)$ 在点 x_0 可微,记作 $\mathrm{d}y|_{x=x_0}=f'(x_0)\Delta x$ 。

由定义知,函数在一点可微的充要条件是在这一点可导。求一个函数的导数与微分的方法称为微分法。

定义 2.4.2　若函数 $y=f(x)$ 在区间 (a,b) 内每一点处都可微,则称 $f(x)$ 是 (a,b) 内的可微函数,它在任一点的微分就称为函数的微分,记作 $\mathrm{d}y$,即 $\mathrm{d}y=f'(x)\Delta x$ 。

若 $y=x$,则 $\mathrm{d}y=\mathrm{d}x=y'\Delta x=\Delta x$,即自变量的微分等于自变量的增量,函数微分又可以记为 $\mathrm{d}y=f'(x)\mathrm{d}x$,于是 $\dfrac{\mathrm{d}y}{\mathrm{d}x}=f'(x)$,即函数的微分与自变量的微分之商等于函数的导数,故导数也叫微商。

例 1　求函数 $y=x^3$ 在 $x=2$, $\Delta x=0.02$ 时的增量与微分。

解　 $\Delta y=f(2+0.02)-f(2)=2.02^3-2^3=0.242408$

$\mathrm{d}y|_{x=2,\Delta x=0.02}=f'(2)\Delta x=3\times 2^2\times 0.02=0.24$

例 2　设 $f(x)=x^2-3x+5$,求 $\mathrm{d}f$ 。

解　 $f'(x)=2x-3$

$$\mathrm{d}f = f'(x)\mathrm{d}x = (2x - 3)\mathrm{d}x$$

2. 微分的几何意义

如图 2-5 所示，函数 $y = f(x)$ 的图像是一条曲线，在曲线上取一定点 $M(x_0, y_0)$，当 x 有微小增量 Δx 时，得曲线上另一点 $N(x_0 + \Delta x, y_0 + \Delta y)$，$MT$ 是曲线在 $x_0 + \Delta x$ 点 M 处的切线，则有

$$MQ = \Delta x, QN = \Delta y, QP = f'(x_0)\Delta x = \mathrm{d}y$$

可见函数微分的几何意义就是曲线 $y = f(x)$ 在 M 点处切线的纵坐标的改变量。

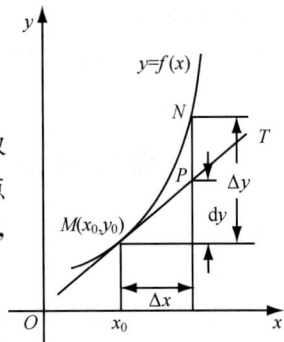

图 2-5

二、微分的运算

由函数的微分表达式 $\mathrm{d}y = f'(x)\mathrm{d}x$ 及导数公式得相应的微分公式和微分运算法则。

1. 微分公式

(1) $\mathrm{d}(c) = 0$；

(2) $\mathrm{d}(x^\alpha) = \alpha x^{\alpha-1}\mathrm{d}x$；

(3) $\mathrm{d}(a^x) = a^x \ln a \mathrm{d}x$，特别的，$\mathrm{d}(\mathrm{e}^x) = \mathrm{e}^x \mathrm{d}x$；

(4) $\mathrm{d}(\log_a x) = \dfrac{1}{x \ln a}\mathrm{d}x$，特别的，$\mathrm{d}(\ln x) = \dfrac{1}{x}\mathrm{d}x$；

(5) $\mathrm{d}(\sin x) = \cos x \mathrm{d}x$；

(6) $\mathrm{d}(\cos x) = -\sin x \mathrm{d}x$；

(7) $\mathrm{d}(\tan x) = \sec^2 x \mathrm{d}x$；

(8) $\mathrm{d}(\cot x) = -\csc^2 x \mathrm{d}x$；

(9) $\mathrm{d}(\arcsin x) = \dfrac{1}{\sqrt{1-x^2}}\mathrm{d}x$；

(10) $\mathrm{d}(\arccos x) = -\dfrac{1}{\sqrt{1-x^2}}\mathrm{d}x$；

(11) $\mathrm{d}(\arctan x) = \dfrac{1}{1+x^2}\mathrm{d}x$；

(12) $\mathrm{d}(\operatorname{arccot} x) = -\dfrac{1}{1+x^2}\mathrm{d}x$。

2. 微分运算法则

(1) $\mathrm{d}(u \pm v) = u'\,\mathrm{d}x \pm v'\,\mathrm{d}x$；

(2) $\mathrm{d}(uv) = v\,\mathrm{d}u + u\,\mathrm{d}v$，特别地 $\mathrm{d}(cu) = c\,\mathrm{d}u$；

(3) $\mathrm{d}\left(\dfrac{u}{v}\right) = \dfrac{v\,\mathrm{d}u - u\,\mathrm{d}v}{v^2}(v \neq 0)$。

3. 微分形式的不变性

如果函数 $y = f(u)$ 是 u 的函数，那么 $\mathrm{d}y = f'(u)\mathrm{d}u$。若 u 不是自变量，而是 x 的可导函数 $u = \varphi(x)$，$\mathrm{d}u = \varphi'(x)\mathrm{d}x$，那么以 u 为中间变量的复合函数 $y = f[\varphi(x)]$ 的微分 $\mathrm{d}y = y'\mathrm{d}x = f'(u)\varphi'(x)\mathrm{d}x = f'(u)\mathrm{d}u$。

也就是说，无论 u 是自变量还是中间变量，函数的微分形式总是 $\mathrm{d}y = f'(u)\mathrm{d}u$，微分的这个性质叫做微分形式的不变性。

例 3 求函数 $y = \ln(1 + \mathrm{e}^x)$ 的微分 $\mathrm{d}y$。

解　$dy = d[\ln(1+e^x)] = \dfrac{1}{1+e^x}d(1+e^x) = \dfrac{e^x}{1+e^x}dx$。

例 4　填空：(1) $d(\quad) = x\,dx$；(2) $d(\quad) = \dfrac{dx}{2\sqrt{x}}$；(3) $d(\quad) = -\dfrac{dx}{x^2}$。

解　(1) $d\left(\dfrac{1}{2}x^2 + C\right) = x\,dx$（其中 C 为任意常数）；

(2) $d(\sqrt{x} + C) = \dfrac{dx}{2\sqrt{x}}$（其中 C 为任意常数）；

(3) $d\left(\dfrac{1}{x}\right) = -\dfrac{dx}{x^2}$（其中 C 为任意常数）。

三、微分的应用

利用微分可以进行近似计算。

由微分定义知，当 $|\Delta x|$ 很小时，$\Delta y \approx dy$，即

$\Delta y = f(x_0 + \Delta x) - f(x_0) \approx f'(x_0)\Delta x(|\Delta x|$ 很小)，此式为求函数增量的近似公式。

$f(x_0 + \Delta x) \approx f(x_0) + f'(x_0)\Delta x(|\Delta x|$ 很小)，此式为求函数值的近似公式。

例 5　求 $\sqrt{0.98}$ 的近似值。

解　设 $y = f(x) = \sqrt{x}$，取 $x_0 = 1, \Delta x = -0.02$

$f'(x) = \dfrac{1}{2\sqrt{x}}, f(1) = 1, f'(1) = \dfrac{1}{2}$

$\therefore \sqrt{0.98} \approx f(1) + f'(1)\times(-0.02) = 1 - \dfrac{1}{2}\times 0.02 = 0.99$

例 6　求 arctan1.05 的近似值。

解　设 $y = f(x) = \arctan x$，取 $x_0 = 1, \Delta x = 0.05$

$f'(x) = \dfrac{1}{1+x^2}, f(1) = \dfrac{\pi}{4}, f'(1) = \dfrac{1}{2} = 0.5$

$\arctan 1.05 \approx f(1) + f'(1)\Delta x = \dfrac{\pi}{4} + \dfrac{1}{2}\times 0.05 \approx 0.8104$

做中学：一平面圆环，其内半径为 10cm，宽为 0.1cm，求其面积的准确值和近似值。

单元能力训练 2-4

1. 填空题。

(1) 设 x 为自变量，当 $x = 1, \Delta x = 0$ 时，$d(x^3) = $ _____；

(2) 设函数 $f(x)$ 可导，则当 x 在 $x = 2$ 处有微小增量 Δx 时，函数的增量约为 _____；

(3) 函数 $f(x)$ 在点 x_0 处可微，则当 $|\Delta x|$ 很小时，$f(x_0 + \Delta x) \approx$ _____。

2. 已知 $y = x^3 - x$，在 $x = 2$ 时，计算当 Δx 分别等于 0.1，0.01 时的 Δy 和 dy。

3. 函数 $y = f(x)$ 在点 x_0 处有增量 $\Delta x = 0.2$，对应的函数增量的线性主部等于 0.8。求函数在点 x_0 处的导数。

4. 求下列函数的微分。

(1) $y = x\sin 2x$ (2) $y = \dfrac{x}{1+x}$ (3) $y = \cos(x^2)$ (4) $y = x^2 e^{2x}$

5. 利用微分的近似计算公式，求下列各式的近似值。

(1) $\sqrt[3]{0.97}$ (2) $\arctan 1.003$ (3) $e^{1.01}$ (4) $\cos 29°$

6. 某工厂生产某种产品，根据销售分析，得出的利润 L（元）与日产量 Q（吨）的关系为 $L(Q) = 120Q + \sqrt{Q} - 1350$（元）。若日产量由 25 吨增加到 25.05 吨，求利润增加的近似值。

7. 水管壁的正截面是一个圆环，设它的内径为 R，壁厚为 d。利用微分计算这个圆环面积的近似值（d 相当小）。

2.5 微分中值定理

微分学中值定理给出了函数及其导数之间的联系，是导数应用的理论基础。

一、罗尔(Rolle)定理

定理 2.5.1（罗尔定理） 若函数 $f(x)$ 满足：(1)在闭区间 $[a,b]$ 上连续；(2)在开区间 (a,b) 内可导；(3) $f(a) = f(b)$，则在 (a,b) 内至少存在一点 $\xi(a < \xi < b)$，使得 $f'(\xi) = 0$。

几何意义：函数 $y = f(x)(a \leqslant x \leqslant b)$ 的图像为曲线弧 $\overset{\frown}{AB}$。若连续曲线弧 $\overset{\frown}{AB}$ 除端点外，处处有不垂直于 x 轴的切线且弦 AB 是水平的，那么在端点 A、B 之间至少存在一点 $C(\xi, f(\xi))$，在 C 点曲线的切线平行于 AB 弦（如图 2-6 所示）。

注：定理中的三个条件缺一不可，否则定理将不成立。

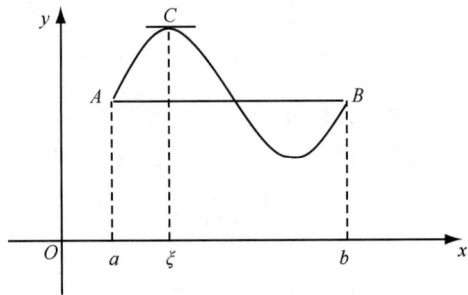

图 2-6

例如：(1) $f(x) = \begin{cases} x, & -1 < x \leqslant 1 \\ 1, & x = -1 \end{cases}$

$f(x)$ 在 $(-1,1)$ 内可导且 $f(1) = f(-1)$，但 $f(x)$ 在 $[-1,1]$ 上不连续，不存在 $\xi \in (-1,1)$ 使 $f'(\xi) = 0$；

(2) $f(x) = |x| \ (-1 \leqslant x \leqslant 1)$ 在 $[-1,1]$ 上连续，$f(-1) = f(1)$，但 $f(x)$ 在 $x = 0$ 不可导，不存在 $\xi \in (-1,1)$，使 $f'(\xi) = 0$；

(3) $f(x) = x(-1 \leqslant x \leqslant 1)$ 在 $[-1,1]$ 上连续，在 $(-1,1)$ 内可导，但 $f(-1) \neq f(1)$，显然不存在 $\xi \in (-1,1)$，使 $f'(\xi) = 0$。

例 1 验证函数 $f(x) = x^2 \sqrt{5-x}$ 在区间 $[0,5]$ 上满足罗尔定理的条件，并求 ξ。

解 $f(x)$ 在 $[0,5]$ 上连续，$f'(x) = 2x\sqrt{5-x} - \dfrac{x^2}{2\sqrt{5-x}} = \dfrac{x(20-5x)}{2\sqrt{5-x}}$，$x \in (0,5)$

即在 $(0,5)$ 内 $f(x)$ 可导，$f(0) = f(5) = 0$

故 $f(x)$ 在 $[0,5]$ 上满足罗尔定理的条件。

令 $f'(x) = 0$，得 $x = 4$，即 $\xi = 4$。

二、拉格朗日(Lagrange)中值定理

定理 2.5.2(拉格朗日中值定理) 若函数 $f(x)$ 满足：(1) 在闭区间 $[a,b]$ 上连续；(2) 在开区间 (a,b) 内可导，则在 (a,b) 内至少存在一点 $\xi(a < \xi < b)$，使得 $f(b) - f(a) = f'(\xi)(b-a)$。

几何意义：函数 $y = f(x)(a \leqslant x \leqslant b)$ 的图像为 $\overset{\frown}{AB}$ 弧，$A(a,f(a))$，$B(b,f(b))$。若连续曲线弧 $\overset{\frown}{AB}$ 除端点外，处处有不垂直于 x 轴的切线，那么在端点 A、B 之间至少存在一点 $C(\xi,f(\xi))$，在 C 点曲线的切线平行于弦 AB，如图 2-7 所示。

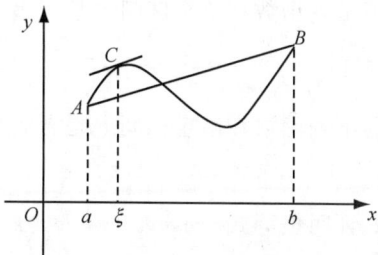

显然罗尔定理是拉格朗日中值定理的特殊情形，即拉格朗日中值定理是罗尔定理的推广。

图 2-7

例 2 验证函数 $f(x) = x^2 + 2x$ 在区间 $[0,2]$ 上满足拉格朗日中值定理的条件，并求 ξ。

解 $f(x)$ 在 $[0,2]$ 上连续，在 $(0,2)$ 内 $f'(x) = 2x + 2$，即可导

故 $f(x)$ 满足拉格朗日中值定理的条件：

$$f(0) = 0, f(2) = 8, f'(\xi) = 2\xi + 2$$

令 $f'(\xi) = \dfrac{f(2) - f(0)}{2 - 0}$，即 $2\xi + 2 = 4$，所以 $\xi = 1$

例 3 证明：当 $0 < a < b$ 时，不等式 $\dfrac{b-a}{b} < \ln\dfrac{b}{a} < \dfrac{b-a}{a}$。

证明 设 $f(x) = \ln x$，则 $f(x)$ 在 $[a,b]$ 上满足拉格朗日中值定理的条件

故存在 $\xi \in (a,b)$，使 $f'(\xi) = \dfrac{1}{\xi} = \dfrac{\ln b - \ln a}{b - a}$，而 $\dfrac{1}{b} < \dfrac{1}{\xi} < \dfrac{1}{a}$，

所以 $\dfrac{1}{b} < \dfrac{\ln b - \ln a}{b - a} < \dfrac{1}{a}$，故 $\dfrac{b-a}{b} < \ln\dfrac{b}{a} < \dfrac{b-a}{a}$。

例 4 证明：当 $x > 0$ 时，$\dfrac{x}{1+x} < \ln(1+x) < x$。

证明 设 $f(t) = \ln(1+t), t \in [0,x]$，则在 $[0,x]$ 上 $f(t)$ 满足拉格朗日中值定理的条件

故存在 $\xi \in (0,x)$ 使 $f'(\xi) = \dfrac{f(x) - f(0)}{x - 0}$，即

$$\dfrac{1}{1+\xi} = \dfrac{\ln(1+x)}{x}，即 \ln(1+x) = \dfrac{x}{1+\xi}，$$

而 $\dfrac{x}{1+x} < \dfrac{x}{1+\xi} < x, \xi \in (0,x)$，

所以 $\dfrac{x}{1+x} < \ln(1+x) < x$。

利用拉格朗日中值定理可以证明常数的导数为零。

定理 2.5.3 若函数 $f(x)$ 在区间 I 内导数恒等于零，则在区间 I 内，$f(x)$ 恒为常量。

推论 若 $f'(x) = g'(x)$，$x \in I$，则在 I 内 $f(x) - g(x) \equiv C$，$x \in I$。

> **做中学：** 在 $[-1,3]$ 上，函数 $f(x) = 1 - x^2$ 满足拉格朗日中值定理，求 ξ。

单元能力训练 2-5

1. 下列函数在给定区间上是否满足罗尔定理条件？若满足，求出定理中的 ξ。

   (1) $f(x) = 2x^2 - x - 3$，$[-1,2]$；　　(2) $f(x) = \dfrac{1}{1+x^2}$，$[-2,2]$。

2. 下列函数在给定区间上是否满足拉格朗日定理的条件？若满足，求出定理中的 ξ。

   (1) $f(x) = \ln x$，$[1,e]$；　　(2) $f(x) = x^3$，$[-1,2]$。

3. 证明恒等式 $\arcsin x + \arccos x = \dfrac{\pi}{2}$，$x \in [-1,1]$。

4. 证明下列不等式。

   (1) $e^x > e \cdot x$，$(x > 1)$；　　(2) $x > \ln(1+x)$，$(x > 0)$。

2.6　函数的单调性与极值

　　函数的单调性与函数的极值，在实际问题中有着广泛的应用，我们已经学习了单调函数的概念，用定义来判断函数的单调性比较困难，尤其是解析式比较复杂的函数。本节我们将学习用导数来判定函数的单调性以及求函数极值的方法。

一、函数单调性

　　定理 2.6.1 设 $f(x)$ 在闭区间 $[a,b]$ 上连续，在开区间 (a,b) 内可导。若 $f'(x) > 0$，则 $f(x)$ 在 $[a,b]$ 上单调增加；若 $f'(x) < 0$，则 $f(x)$ 在 $[a,b]$ 上单调减少。

　　证明 在 $[a,b]$ 上任取两点 x_1, x_2，设 $x_1 < x_2$，则由条件知 $f(x)$ 在 $[x_1, x_2]$ 上连续，在 (x_1, x_2) 内可导根据拉格朗日中值定理，在 (x_1, x_2) 内至少存在一点 ξ，使得 $f(x_2) - f(x_1) = f'(\xi)(x_2 - x_1)$。

若 $f'(x) > 0$，则 $f(x_2) - f(x_1) > 0$，故函数在 $[a,b]$ 上单调增加；若 $f'(x) < 0$，则 $f(x_2) - f(x_1) < 0$，故函数在 $[a,b]$ 上单调减少。

　　注：(1) 定理中闭区间 $[a,b]$ 若改为开区间或无限区间，结论同样成立；

　　　　(2) 若 $f'(x) \geqslant 0$（或 $f'(x) \leqslant 0$），而只在个别点 $f'(x) = 0$，定理结论仍成立。

　　如 $y = x^3$ 的导数 $y' = 3x^2 \geqslant 0$，$f'(0) = 0$，而它在 $(-\infty, +\infty)$ 内单调增加。

　　例 1 讨论函数 $y = \ln x$ 的单调性。

　　解 函数定义域为 $(0, +\infty)$，$f'(x) = \dfrac{1}{x} > 0$，$x \in (0, +\infty)$

　　故 $y = \ln x$ 在 $(0, +\infty)$ 内单调增加

例 2　确定函数 $y = x^3 - 6x^2 - 15x + 2$ 的单调区间。

解　函数的定义域为 $(-\infty, +\infty)$

$y' = 3x^2 - 12x - 15 = 3(x+1)(x-5)$，令 $y' = 0$，得 $x_1 = -1, x_2 = 5$

x	$(-\infty, -1)$	-1	$(-1, 5)$	5	$(5, +\infty)$
y'	$+$	0	$-$	0	$+$
y	↗		↘		↗

故函数单调减区间为 $(-1, 5)$，单调增加区间为 $(-\infty, -1)$，$(5, +\infty)$。

例 3　判定函数 $f(x) = x^{\frac{2}{3}}$ 的单调性。

解　函数的定义域为 $(-\infty, +\infty)$ $f'(x) = \frac{2}{3}x^{-\frac{1}{3}}$，$x = 0$ 是 $f'(x)$ 不存在的点。

x	$(-\infty, 0)$	0	$(0, +\infty)$
$f'(x)$	$-$	不存在	$+$
$f(x)$	↘		↗

故函数在 $(-\infty, 0]$ 单调减少，而在 $[0, +\infty)$ 单调增加。

通过上述例子得出，讨论函数单调性的一般方法步骤。

(1) 确定函数的定义域；

(2) 求 $f'(x) = 0$ 及 $f'(x)$ 不存在的点，这些点把定义域分成若干子区间；

(3) 讨论 $f'(x)$ 在各子区间的符号；

(4) 得出结论，求出单调区间。

二、函数极值

1. 函数极值的定义

如图 2-8 所示，函数 $y = f(x)$ 在点 x_1，x_3，x_5 处的函数值，$f(x_1)$，$f(x_3)$，$f(x_5)$ 比它们附近的各点的函数值都小，而在 x_2，x_4 处的 x_4 函数值 $f(x_2)$，$f(x_4)$ 比它们附近各点的函数值都大。因此得到极值的定义。

定义 2.6.1　设函数 $y = f(x)$，若在点 x_0 的某邻域内，有 $f(x) \leqslant f(x_0)$（或 $f(x) \geqslant f(x_0)$），则称 $f(x_0)$ 为函数 $f(x)$ 的极大值（或极小值），点 x_0 称为 $f(x)$ 的极大值点（或极小值点）。函数的极大值与极小值统称为函数的极值；极大值点与极小值点统称为极值点。

本节例 2 中极值点为 $x = -1$ 及 $x = 5$，极大值 $f(-1) = 10$，极小值 $f(5) = -98$。由定义知极值具有局部性，在极值点的附近函数达到最大或最小值。

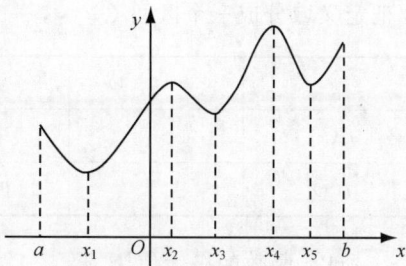

图 2-8

但在整个定义域中极大值不一定是最大值，极小值也不一定是最小值。有的极小值比极大值还要大。如图 2-8 中 $f(x_2) < f(x_5)$。

如何求函数的极值或极值点呢？

2. 极值的判定法

定理 2.6.2（极值的必要条件） 若函数 $f(x)$ 在点 x_0 处可导，且 $f(x)$ 在 x_0 处有极值，则 $f'(x_0) = 0$。

如 $y = x^2$，$x = 0$ 是极小值点，$f'(0) = 0$。又如 $y = x^3$，$f'(0) = 0$ 而 $x = 0$ 不是 $y = x^3$ 的极值点。这说明使 $f'(x)$ 等于 0 的点不一定是 $f(x)$ 的极值点，因此该定理只是必要条件而不是充分条件。

使 $f'(x)$ 等于零的点称为 $f(x)$ 的驻点。驻点不一定是极值点。

从图 2-8 可见，当驻点是函数单调增减区间的分界点时，即在其两侧导数异号时，这时驻点就是极值点。

定理 2.6.3（极值的第一充分条件） 设函数 $f(x)$ 在点 x_0 的邻域内可导且 $f'(x_0) = 0$（或在 x_0 点邻域内除 x_0 外处处可导，且 $f(x)$ 在 x_0 点连续）。

（1）若在 x_0 的邻域内，当 $x < x_0$ 时，$f'(x) > 0$；当 $x > x_0$ 时，$f'(x) < 0$，则 $f(x)$ 在 x_0 点有极大值；

（2）若在 x_0 的邻域内，当 $x < x_0$ 时，$f'(x) < 0$；当 $x > x_0$ 时，$f'(x) > 0$，则 $f(x)$ 在 x_0 点有极小值；

（3）若在 x_0 的邻域内，$f'(x_0) > 0$（或 $f(x_0) < 0$），则 $f(x)$ 在 x_0 处无极值。

函数 $y = |x|$ 在 $x = 0$ 点无导数，但 $x = 0$ 是函数的极小值点。

求函数极值的一般步骤。

（1）确定函数的定义域；

（2）求 $f'(x) = 0$ 及 $f'(x)$ 不存在的点；

（3）讨论 $f'(x)$ 在这些点左、右两侧的符号（判定这些点是否是极值点）；

（4）求出极值。

例 4 求函数 $f(x) = x^3 - 3x^2 - 9x + 5$ 的极值。

解 函数 $f(x)$ 的定义域为 $(-\infty, +\infty)$，

$f'(x) = 3x^2 - 6x - 9 = 3(x-3)(x+1)$。

令 $f'(x) = 0$，即 $3(x-3)(x+1) = 0$，解得驻点 $x_1 = -1$，$x_2 = 3$，用 $x_1 = -1$，$x_2 = 3$ 把定义域分成三个区间 $(-\infty, -1)$，$(-1, 3)$，$(3, +\infty)$ 列表讨论如下。

x	$(-\infty, -1)$	1	$(-1, 3)$	3	$(3, +\infty)$
$f'(x)$	+	0	−	0	+
$f(x)$	↗	极大值	↘	极小值	↗

所以，函数的极大值为

$$f(-1) = (-1)^3 - 3 \times (-1)^2 - 9 \times (-1) + 5 = 10$$

函数的极小值为

$$f(3) = 3^3 - 3 \times 3^2 - 9 \times 3 + 5 = -22$$

例 5 求函数 $y = x - 3(x-1)^{\frac{2}{3}}$ 的极值。

解 函数定义域 $(-\infty, +\infty)$

$$y' = 1 - \frac{2}{(x-1)^{\frac{1}{3}}} = \frac{(x-1)^{\frac{1}{3}} - 2}{(x-1)^{\frac{1}{3}}}$$

令 $y' = 0$ 得驻点 $x = 9$。在点 $x = 1$ 处 y' 不存在

x	$(-\infty, 1)$	1	$(1, 9)$ ·	9	$(9, +\infty)$
y'	$+$	不存在	$-$	0	$+$
y	↗	极大值1	↘	极小值-3	↗

所以 $y_{极小} = f(9) = -3$，$y_{极大} = f(1) = 1$。

定理 2.6.4(极值的第二充分条件) 设函数 $f(x)$ 在点 x_0 处具有二阶导数，且 $f'(x_0) = 0$，$f''(x_0) \neq 0$。

(1) 若 $f''(x_0) < 0$，则 $f(x)$ 在点 x_0 具有极大值；

(2) 若 $f''(x_0) > 0$，则 $f(x)$ 在点 x_0 具有极小值。

证明 (1)由导数定义及 $f'(x_0) = 0$ 和 $f''(x_0) < 0$，得

$$f''(x_0) = \lim_{x \to x_0} \frac{f'(x) - f'(x_0)}{x - x_0} = \lim_{x \to x_0} \frac{f'(x)}{x - x_0} < 0$$

于是，由极限性质知道，在 x_0 附近有 $\dfrac{f'(x)}{x - x_0} < 0$，

所以当 $x < x_0$ 时 $f'(x) > 0$；当 $x > x_0$ 时 $f'(x) < 0$。由上述定理 2.6.3 可知，$f(x_0)$ 为极大值；

(2) 同理可证。

注：当 $f''(x_0) = 0$ 时，$f(x_0)$ 可能是极大值，也可能 $f(x_0)$ 是极小值，也可能不是极值。例如：函数 $f(x) = -x^4$，$f''(0) = 0$，$f(0) = 0$ 是极大值；函数 $f(x) = x^4$，$f''(0) = 0$，$f(0) = 0$ 是极小值；而函数 $f(x) = x^3$，$f''(0) = 0$，但 $f(0) = 0$ 不是极值。因此，当 $f'(x_0) = 0$ 且 $f''(x_0) = 0$ 或 $f'(x_0) = 0$ 但 $f''(x_0)$ 不存在时，第二判别法失效，这时可考虑运用第一判别法判断。

例 6 求函数 $f(x) = x^3 - 3x^2 - 9x$ 的极值。

解 定义域为 $(-\infty, +\infty)$，$f'(x) = 3x^2 - 6x - 9 = 3(x+1)(x-3)$

令 $f'(x) = 0$，得驻点 $x_1 = -1$，$x_2 = 3$。

$f''(x) = 6x - 6 = 6(x-1)$，$f''(-1) = -12 < 0$，$f''(3) = 12 > 0$

故 $x = -1$ 是极大值点，$y_{极大} = f(-1) = 5$

$x = 3$ 是极小值点，$y_{极小} = f(3) = -27$

三、函数的最大值与最小值

我们已经知道闭区间 $[a, b]$ 上的连续函数，一定存在最大、最小值，如何求呢？$f(x)$ 的最大值、最小值只能在区间的端点或极值点上取得。由此知 $f(x)$ 的最大值、最小值必在 $f(x)$ 的驻点、导数不存在点或区间端点取得。

求 $f(x)$ 在闭区间 $[a,b]$ 上最大值、最小值的一般步骤。

1. 求 $f(x)$ 在 (a,b) 内的可能的极值点，即驻点及导数不存在的点；

2. 求上述这些点的函数值及 $f(a)$、$f(b)$；

3. 比较它们的大小，其中最大的、最小的分别是函数在 $[a,b]$ 上的最大值、最小值。

例 7 求函数 $f(x) = x^4 - 2x^2 + 3$ 在 $[-2,2]$ 上的最大值与最小值。

解 $f'(x) = 4x^3 - 4x = 4x(x^2 - 1)$

令 $f'(x) = 0$，得驻点 $x = 0$，$x = -1$，$x = 1$，无导数不存在的点

$f(0) = 3$，$f(\pm 1) = 2$，$f(\pm 2) = 11$

所以 $y_{max} = 11$，$y_{min} = 2$。

例 8 从边长为 a 的正方形铁皮的四角剪去边长相同的正方形，折成一个无盖盒子，要使容积最大，剪去的小正方形的边长应为多少？

解 如图 2-9 所示，设剪去的小正方形的边长为 x，盒子的容积为 V

则 $V = x(a - 2x)^2$，$x \in \left(0, \dfrac{a}{2}\right)$

$V' = (a - 2x)^2 + 2x(a - 2x)(-2)$

$\quad = (a - 2x)(a - 6x)$

令 $V' = 0$，得驻点 $x = \dfrac{a}{6}$

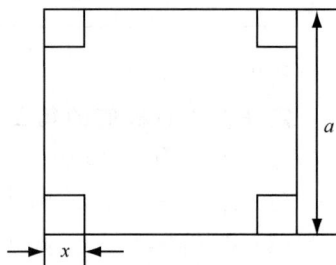

图 2-9

故当剪去的小正方形的边长为 $\dfrac{a}{6}$ 时，盒子的容积最大。

注：在实际问题中，如果函数 $f(x)$ 在某区间只有一个驻点 x_0，而函数又确实有最大值（或最小值），那么 $f(x_0)$ 就是所求的最大值（或最小值）。

做中学：

某商店按批发价每件 3 元购进一批商品零售，若零售价为每件 6 元，估计可卖出 120 件，而售价每降低 0.1 元，就可多卖出 20 件。问应购进多少件，每件售价定位多少时，商店可获取最大利润？最大利润是多少？

单元能力训练 2-6

1. 填空题。

(1) 若函数 $y = f(x)$ 在点 x_0 处取极小值，则必有 _____；

(2) 若 $f(x) = ax^2 + bx$，在点 $x = 1$ 处取极大值 2，则 $a = $ _____，$b = $ _____。

2. 判断下列函数的单调性。

(1) $f(x) = x^3 + 2x$；　　　(2) $f(x) = \ln(1 + x^2)$；　　　(3) $f(x) = x + \cos x$。

3. 求下列函数的单调区间及极值。

(1) $f(x) = 2x^2 - \ln x$；　　　(2) $f(x) = 2x + \dfrac{8}{x}$；

(3) $f(x) = x^4 - 8x^2 + 2$；　　　(4) $f(x) = (x - 1)(x + 1)^3$。

4．求下列函数在指定区间上的最大值与最小值。

(1) $y = x^4 - 2x^2 + 5$　$[-2,2]$；　　　　(2) $f(x) = x + 2\sqrt{x}$　$[0,4]$；

(3) $y = \dfrac{1}{2} - \cos x$　$[0,2\pi]$；　　　　(4) $f(x) = \dfrac{x}{1+x^2}$　$[0,2]$。

5．某车间靠墙要盖一间长方形小屋，现有砖只够砌 20m 长墙壁，问围成怎样的长方形才能使这间小屋的面积最大？

6．证明：

(1)面积一定的所有矩形中，正方形的周长最短；

(2)周长一定的所有矩形中，正方形的面积最大。

7．求乘积为常数 $a(a > 0)$，而其和为最小的两个正数。

8．要建造一个容积为 V（单位 m³）（V 为正常数）的圆柱形蓄水池，已知池底单位面积造价为池侧面积单位造价的两倍，问应如何选择蓄水池的底半径 r 和高 h，才能使总造价最低。

2.7　曲线的凹凸性与函数图形的描绘

在研究函数图像的变化时，了解它是递增（上升）还是递减（下降）是很重要的，但这还不能完全反映其变化规律，例如 $y = x^2$ 和 $y = \sqrt{x}$ 在 $x \geqslant 0$ 时都是单调递增的，但是他们的图形差别很大，即其弯曲方向不一样（如图 2-10 所示），为了进一步研究函数图像的形状，下面讨论曲线的凹凸性。

一、曲线的凹凸

1．曲线凹凸的概念

定义 2.7.1　设曲线 $y = f(x)$ 在区间 (a,b) 内各点都有切线。若曲线总位于其在每一点的切线的上方，则称曲线在 (a,b) 内为凹的；若曲线总位于其在每一点的切线的下方，则称曲线在 (a,b) 内为凸的。

函数 $y = x^2$ 及 $y = \sqrt{x}$ 在区间 $(0, +\infty)$ 内分别是凹的、凸的。

从图 2-10 可以看出，随着 x 的增加，凹曲线上每一点的切线斜率逐渐增大，即 $f'(x)$ 是单调增函数。类似地凸曲线对应的函数 $f'(x)$ 是单调递减的。

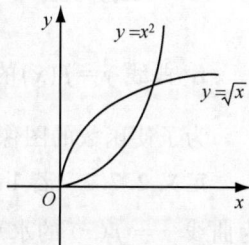

图 2-10

2．凹凸的判定及拐点

定理 2.7.1　设函数 $f(x)$ 在区间 (a,b) 内具有二阶导数。

(1) 若在 (a,b) 内 $f''(x) > 0$，则曲线 $y = f(x)$ 在 (a,b) 内是凹的；

(2) 若在 (a,b) 内 $f''(x) < 0$，则曲线 $y = f(x)$ 在 (a,b) 内是凸的。

例 1　判断曲线 $y = x^4 + 2x^2$ 的凹凸性。

解　定义域为 $(-\infty, +\infty)$，$y' = 4x^3 + 4x$，$y'' = 12x^2 + 4 > 0$

故曲线 $y = x^4 + 2x^2$ 在 $(-\infty, +\infty)$ 内是凹的。

例 2 讨论曲线 $y = x^3$ 的凹凸性。

解 定义域为 $(-\infty, +\infty)$ ，$y' = 3x^2$ ，$y'' = 6x$

令 $y'' = 0$ ，得 $x = 0$

x	$(-\infty, 0)$	0	$(0, +\infty)$
y''	$-$	0	$+$
y	$\cap$	拐点$(0,0)$	$\cup$

故曲线 $y = x^3$ 在 $(-\infty, 0)$ 是凸的，在 $(0, +\infty)$ 是凹的。点 $(0,0)$ 是曲线凹凸的分界点。

曲线 $y = f(x)$ 凹凸的分界点，称为该曲线的拐点。

例 3 求曲线 $y = 2 + (x-1)^{\frac{1}{3}}$ 的凹凸区间及拐点。

解 函数定义域为 $(-\infty, +\infty)$ ，$y' = \dfrac{1}{3\sqrt[3]{(x-1)^2}}$ ，$y'' = -\dfrac{2}{9\sqrt[3]{(x-1)^5}}$

$x = 1$ 是 y'' 不存在的点。

x	$(-\infty, 1)$	1	$(1, +\infty)$
y''	$+$	不存在	$-$
y	$\cup$	拐点$(1,2)$	$\cap$

曲线的凹区间是 $(-\infty, 1)$ ，凸区间是 $(1, +\infty)$ ，拐点 $(1, 2)$ 。

求曲线凹凸区间及拐点的一般步骤。

(1) 确定函数的定义域；

(2) 求 $f''(x) = 0$ 及 $f''(x)$ 不存在的点；

(3) 判定 $f''(x)$ 在上述这些点两侧的符号；

(4) 求出凹凸区间及拐点。

二、函数图形的描绘

1. 曲线 $y = f(x)$ 的水平渐近线和垂直渐近线

为了使函数的图像做得相对准确一些，下面讨论函数的渐近线问题。

定义 2.7.2 若 $\lim\limits_{x \to \infty} f(x) = C$（或 $\lim\limits_{x \to -\infty} f(x) = C$ 或 $\lim\limits_{x \to +\infty} f(x) = C$），则称直线 $y = C$ 为曲线 $y = f(x)$ 的水平渐近线。若 $\lim\limits_{x \to x_0} f(x) = \infty$（或 $\lim\limits_{x \to x_0^+} f(x) = \infty$ 或 $\lim\limits_{x \to x_0^-} f(x) = \infty$），则称直线 $x = x_0$ 为曲线 $y = f(x)$ 的垂直渐近线。

例如 $\lim\limits_{x \to -\infty} 2^x = 0$ ，直线 $y = 0$ 是曲线 $y = 2^x$ 的水平渐近线；

$\lim\limits_{x \to \frac{\pi}{2}^+} \tan x = \infty$ ，直线 $x = \dfrac{\pi}{2}$ 是 $y = \tan x$ 的垂直渐近线。

例 4 求下列曲线的水平或垂直渐近线。

(1) $y = \dfrac{x}{x-1}$;   (2) $y = \dfrac{e^x}{x^2-1}$ 。

解 (1) $\lim\limits_{x\to\infty} \dfrac{x}{x-1} = 1$, $\lim\limits_{x\to 1} \dfrac{x}{x-1} = \infty$

故直线 $y = 1$ 是水平渐近线，直线 $x = 1$ 是垂直渐近线；

(2) $\lim\limits_{x\to 1} \dfrac{e^x}{x^2-1} = \lim\limits_{x\to -1} \dfrac{e^x}{x^2-1} = \infty$, $\lim\limits_{x\to -\infty} \dfrac{e^x}{x^2-1} = 0$

故直线 $y = 0$ 是水平渐近线，直线 $x = 1$ 及 $x = -1$ 是两条垂直渐近线。

2. 描绘函数图形

函数做图的一般步骤。

(1) 确定函数的定义域，并讨论函数的奇偶性、周期性；

(2) 求 $f'(x)$ 等于零及 $f'(x)$ 不存在的点，$f''(x)$ 等于零及 $f''(x)$ 不存在的点，这些点把定义域分成若干个小区间；

(3) 判定在各小区间 $f'(x)$ 及 $f''(x)$ 的符号，从而确定函数的单调区间与极值、曲线的凹凸区间与拐点；

(4) 求出曲线的水平渐近线与垂直渐近线；

(5) 根据需要可适当增加几个点（例如曲线与坐标轴的交点）；

(6) 综合以上信息，描绘函数图像。

例 5 做函数 $y = 3x - x^3$ 的图像。

解 函数的定义域为 $(-\infty, +\infty)$ ，是奇函数，图像关于原点对称

$$y' = 3 - 3x^2, \quad y'' = -6x$$

令 $y' = 0$ 得 $x = \pm 1$ ，令 $y'' = 0$ 得 $x = 0$

x	0	$(0,1)$	1	$(1,+\infty)$
y'	$+$	$+$	0	$-$
y''	0	$-$		
y	拐点$(0,0)$	↗∩	极大值 2	↘∩

无水平渐近线和垂直渐近线

$y = 0$ 时，得 $x = 0$ 及 $x = \sqrt{3}$ ，点 $(\sqrt{3}, 0)$ 在曲线上做出函数图像，如图 2-11 所示。

例 6 作函数 $y = \dfrac{1}{\sqrt{2\pi}} e^{-\frac{x^2}{2}}$ 的图像。

解 函数的定义域为 $(-\infty, +\infty)$ ，是偶函数，图像关于 y 轴对称

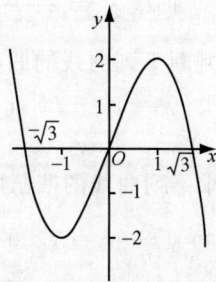

图 2-11

$$y' = -\frac{x}{\sqrt{2\pi}} e^{-\frac{x^2}{2}}, \quad y'' = -\frac{1}{\sqrt{2\pi}} (1-x^2) e^{-\frac{x^2}{2}}$$

令 $y' = 0$ 得驻点 $x = 0$ ，令 $y'' = 0$ 得 $x = \pm 1$ 。

x	0	$(0,1)$	1	$(1,+\infty)$
y'	0	$-$	$-$	$-$
y''	$-$	$-$	0	$+$
y	极大值 $\dfrac{1}{\sqrt{2\pi}}$	$\searrow\cap$	拐点 $\left(1,\dfrac{1}{\sqrt{2\pi e}}\right)$	$\searrow\cup$

$\lim\limits_{x\to\infty} y=0$，$y=0$ 是水平渐近线。

做出函数图像，如图 2-12 所示。

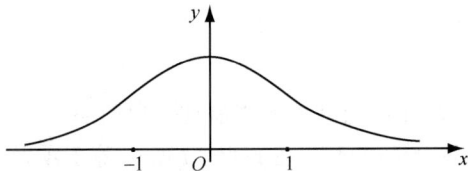

图 2-12

做中学：某种产品的利润函数为 $y=\dfrac{1}{2}e^{-(x-4)^2}$，其中 x 表示产量。请问产量为多少时，其利润的增长速度呈加速增长态势？产量为多少时，其利润的增长速度呈衰退状态？

单元能力训练 2-7

1. 填空题。

(1) 设在区间 (a,b) 内 $f'(x)>0$，$f''(x)<0$。则在区间 (a,b) 内，曲线 $y=f(x)$ 的图形是 _____；

(2) 曲线 $y=ax^3+bx^2$ 以 $(1,3)$ 为拐点，则 $a=$ _____，$b=$ _____；

(3) 函数 $y=ax^3+bx^2+cx+d$ 以 $y(-2)=44$ 为极大值，函数图形以 $(1,-10)$ 为拐点，则 $a=$ _____，$b=$ _____，$c=$ _____，$d=$ _____；

(4) 曲线 $y=e^{\frac{1}{x}}-1$ 的水平渐近线的方程为 _____；

(5) 曲线 $y=\dfrac{3x^2-4x+5}{(x+3)^2}$ 的垂直渐近线的方程为 _____。

2. 判断下列曲线的凹凸性。

(1) $y=x^4+2x^2$；   (2) $y=\ln x$；

(3) $y=x\arctan x$；   (4) $y=e^x+e^{-x}$。

3. 求下列曲线的凹凸区间及拐点。

(1) $y=x^3-5x^2+3x+5$；   (2) $y=x+\dfrac{x}{x-1}$；

(3) $y=2+(x-4)^{\frac{1}{3}}$；   (4) $y=xe^{-x}$。

4. 求下列曲线的水平渐近线或垂直渐近线。

(1) $y=\dfrac{e^x}{x+1}$；   (2) $y=\dfrac{1}{x-1}$；

(3) $y = x^2 + \dfrac{1}{x}$;   (4) $y = e^{\frac{1}{x}} - 2$ 。

5. 做下列函数的图像。

(1) $y = \dfrac{1}{3}x^3 - x^2 + 2$;   (2) $y = x e^{-x}$;

(3) $y = \dfrac{x}{1 + x^2}$ 。

2.8 洛必达(L'Hospital)法则

在求函数极限时,经常会遇到两个函数 $f(x)$、$g(x)$ 都是无穷小或都是无穷大时,求它们比的极限,这时比的极限可能存在也可能不存在,通常把这种极限叫作未定式,并分别记为"$\dfrac{0}{0}$"型或"$\dfrac{\infty}{\infty}$"型。如 $\lim\limits_{x \to 0} \dfrac{\sin x}{x}$ 就是"$\dfrac{0}{0}$"型,而 $\lim\limits_{x \to +\infty} \dfrac{\ln x}{x}$ 就是"$\dfrac{\infty}{\infty}$"型。洛必达法则就是求这种未定式的一个简便而有效的方法。

一、"$\dfrac{0}{0}$"未定式

洛必达法则 1:设函数 $f(x)$、$g(x)$ 满足:

(1) $\lim\limits_{x \to x_0} f(x) = 0$, $\lim\limits_{x \to x_0} g(x) = 0$;

(2) 在点 x_0 的某一去心邻域内,$f(x)$ 与 $g(x)$ 可导且 $g'(x) \neq 0$;

(3) $\lim\limits_{x \to x_0} \dfrac{f'(x)}{g'(x)}$ 存在(或为无穷大);

则 $\lim\limits_{x \to x_0} \dfrac{f(x)}{g(x)} = \lim\limits_{x \to x_0} \dfrac{f'(x)}{g'(x)}$ 。

注:法则中 $x \to \infty$ 时,"$\dfrac{0}{0}$"型同样成立。

例 1 求下列极限。

(1) $\lim\limits_{x \to 0} \dfrac{e^x - 1}{x^2 - x}$;   (2) $\lim\limits_{x \to 0} \dfrac{x - \sin x}{x^3}$;   (3) $\lim\limits_{x \to +\infty} \dfrac{\dfrac{\pi}{2} - \arctan x}{\dfrac{1}{x}}$ 。

解 (1) 这是"$\dfrac{0}{0}$"型,$\lim\limits_{x \to 0} \dfrac{e^x - 1}{x^2 - x} = \lim\limits_{x \to 0} \dfrac{e^x}{2x - 1} = -1$;

(2) 这是"$\dfrac{0}{0}$"型,$\lim\limits_{x \to 0} \dfrac{x - \sin x}{x^3} = \lim\limits_{x \to 0} \dfrac{1 - \cos x}{3x^2} = \lim\limits_{x \to 0} \dfrac{\sin x}{6x} = \dfrac{1}{6}$;

(3) 这是"$\dfrac{0}{0}$"型,$\lim\limits_{x \to +\infty} \dfrac{\dfrac{\pi}{2} - \arctan x}{\dfrac{1}{x}} = \lim\limits_{x \to +\infty} \dfrac{-\dfrac{1}{1 + x^2}}{-\dfrac{1}{x^2}} = \lim\limits_{x \to +\infty} \dfrac{x^2}{1 + x^2} = 1$ 。

二、"$\dfrac{\infty}{\infty}$"未定式

洛必达法则 2:设函数 $f(x)$、$g(x)$ 满足:

(1) $\lim\limits_{x \to x_0} f(x) = \infty$，$\lim\limits_{x \to x_0} g(x) = \infty$；

(2) 在点 x_0 的某一去心邻域内，$f(x)$ 与 $g(x)$ 可导且 $g'(x) \neq 0$；

(3) $\lim\limits_{x \to x_0} \dfrac{f'(x)}{g'(x)}$ 存在（或为无穷大），

则 $\lim\limits_{x \to x_0} \dfrac{f(x)}{g(x)} = \lim\limits_{x \to x_0} \dfrac{f'(x)}{g'(x)}$。

注：法则中 $x \to \infty$ 时，"$\dfrac{\infty}{\infty}$"型同样成立。

例 2 求下列极限。

(1) $\lim\limits_{x \to 0^+} \dfrac{\ln\sin x}{\ln x}$；　　　　(2) $\lim\limits_{x \to +\infty} \dfrac{\ln x}{x}$；　　　　(3) $\lim\limits_{x \to +\infty} \dfrac{x^n}{\mathrm{e}^x}$（$n$ 为正整数）。

解 (1) 它是"$\dfrac{\infty}{\infty}$"型，$\lim\limits_{x \to 0^+} \dfrac{\ln\sin x}{\ln x} = \lim\limits_{x \to 0^+} \dfrac{\cot x}{\dfrac{1}{x}} = \lim\limits_{x \to 0^+} \dfrac{x}{\tan x} = 1$；

(2) 它是"$\dfrac{\infty}{\infty}$"型，$\lim\limits_{x \to +\infty} \dfrac{\ln x}{x} = \lim\limits_{x \to +\infty} \dfrac{\dfrac{1}{x}}{1} = 0$；

(3) 它是"$\dfrac{\infty}{\infty}$"型，$\lim\limits_{x \to +\infty} \dfrac{x^n}{\mathrm{e}^x} = \lim\limits_{x \to +\infty} \dfrac{nx^{n-1}}{\mathrm{e}^x} = \lim\limits_{x \to +\infty} \dfrac{n(n-1)x^{n-2}}{\mathrm{e}^x} = \cdots = \lim\limits_{x \to +\infty} \dfrac{n!}{\mathrm{e}^x} = 0$。

例 3 求 $\lim\limits_{x \to \infty} \dfrac{x + \sin x}{1 + x}$。

解 这是"$\dfrac{\infty}{\infty}$"型。但是 $\lim\limits_{x \to \infty} \dfrac{f'(x)}{g'(x)} = \lim\limits_{x \to \infty} \dfrac{1 + \cos x}{1}$ 不存在，即不满足洛必达法则的第

三个条件，故不能用法则，改用其他方法。$\lim\limits_{x \to \infty} \dfrac{x + \sin x}{1 + x} = \lim\limits_{x \to \infty} \dfrac{1 + \dfrac{\sin x}{x}}{\dfrac{1}{x} + 1} = 1$。

这个例子说明洛必达法则虽然是求未定式极限的一种有效的方法，但它不是万能的。在用法则时一定要注意法则的条件，否则会得出错误结果。另外，在求极限时洛必达法则与等价无穷小替换定理结合使用会更简便。

例 4 求 $\lim\limits_{x \to 0} \dfrac{x - \sin x}{x(\mathrm{e}^{x^2} - 1)}$。

解 $x \to 0$ 时，$\mathrm{e}^{x^2} - 1 \sim x^2$

$$\lim\limits_{x \to 0} \dfrac{x - \sin x}{x(\mathrm{e}^{x^2} - 1)} = \lim\limits_{x \to 0} \dfrac{x - \sin x}{x \cdot x^2} = \lim\limits_{x \to 0} \dfrac{1 - \cos x}{3x^2} = \lim\limits_{x \to 0} \dfrac{\sin x}{6x} = \dfrac{1}{6}$$

三、其他未定式

在未定式极限问题中，还会遇到其他类型的问题，下面举例说明如何求解。

例 5 求 $\lim\limits_{x \to 0^+} x\ln x$（"$0 \cdot \infty$"型）。

解 $\lim\limits_{x \to 0^+} x\ln x = \lim\limits_{x \to 0^+} \dfrac{\ln x}{\dfrac{1}{x}} = \lim\limits_{x \to 0^+} \dfrac{\dfrac{1}{x}}{-\dfrac{1}{x^2}} = \lim\limits_{x \to 0^+} (-x) = 0$。

例6 求 $\lim\limits_{x\to\frac{\pi}{2}}(\sec x-\tan x)$（" $\infty-\infty$ "型）。

解 $\lim\limits_{x\to\frac{\pi}{2}}(\sec x-\tan x)=\lim\limits_{x\to\frac{\pi}{2}}\dfrac{1-\sin x}{\cos x}=\lim\limits_{x\to\frac{\pi}{2}}\dfrac{-\cos x}{-\sin x}=0$ 。

例7 求 $\lim\limits_{x\to1}x^{\frac{1}{1-x}}$（" 1^∞ "型）。

解 令 $A=\lim\limits_{x\to1}x^{\frac{1}{1-x}}$ ，

则 $\ln A=\ln\lim\limits_{x\to1}x^{\frac{1}{1-x}}=\lim\limits_{x\to1}\dfrac{1}{1-x}\ln x=\lim\limits_{x\to1}\dfrac{\ln x}{1-x}=\lim\limits_{x\to1}\dfrac{\frac{1}{x}}{-1}=-1$

所以 $A=e^{-1}=\dfrac{1}{e}$ 即 $\lim\limits_{x\to1}x^{\frac{1}{1-x}}=\dfrac{1}{e}$ 。

还有其他未定式，如 $\lim\limits_{x\to0^+}x^{\sin x}$（" 0^0 "型），$\lim\limits_{x\to0^+}(\cot x)^{\sin x}$（" ∞^0 "型），它们都可以用例7的方法求得。

从上述各例可见，应用洛必达法则时一定要注意以下几点。

1. 洛必达法则只适用于" $\dfrac{0}{0}$ "及" $\dfrac{\infty}{\infty}$ "型，其他未定式必须先化为" $\dfrac{0}{0}$ "或" $\dfrac{\infty}{\infty}$ "型，然后再用。

2. 在连续使用洛必达法则时，每一次都要检查是否是" $\dfrac{0}{0}$ "或" $\dfrac{\infty}{\infty}$ "型。

做中学： 求 $\lim\limits_{x\to0}\dfrac{e^x-e^{-x}-2x}{x-\sin x}$ ，$\lim\limits_{x\to+\infty}\dfrac{\ln x}{x^n}(n>0)$ 。

单元能力训练 2-8

1. 用洛必达法则求下列极限。

(1) $\lim\limits_{x\to2}\dfrac{x^3-2x-4}{(x-2)^2}$ ；
(2) $\lim\limits_{x\to\pi}\dfrac{\sin(x-\pi)}{x-\pi}$ ；
(3) $\lim\limits_{x\to0}\dfrac{e^x-e^{-x}}{x}$ ；

(4) $\lim\limits_{x\to0}\dfrac{\ln(1+x)}{x}$ ；
(5) $\lim\limits_{x\to a}\dfrac{x^m-a^m}{x^n-a^n}$ ；
(6) $\lim\limits_{x\to\frac{\pi}{2}}\dfrac{\tan x}{\tan3x}$ 。

2. 用洛必达法则求下列极限。

(1) $\lim\limits_{x\to+\infty}\dfrac{\ln x}{x^\alpha}(\alpha>0)$ ；
(2) $\lim\limits_{x\to0}x\cot2x$ ；
(3) $\lim\limits_{x\to1}\left(\dfrac{x}{x-1}-\dfrac{1}{\ln x}\right)$ ；

(4) $\lim\limits_{x\to1}\left(\dfrac{3}{x^3-1}-\dfrac{1}{x-1}\right)$ ；
(5) $\lim\limits_{x\to0^+}x^x$ ；
(6) $\lim\limits_{x\to\infty}x(e^{\frac{1}{x}}-1)$ 。

2.9 导数的应用

1. 变化率

在实际问题中常把导数称为变化率，因为对于函数 $y=f(x)$ 来说，$\dfrac{\Delta y}{\Delta x}=$

$\dfrac{f(x+\Delta x)-f(x)}{\Delta x}$ 表示自变量 x 每改变一个单位时，函数 y 的平均变化量，所以 $\dfrac{\Delta y}{\Delta x}$ 称为函数 $y=f(x)$ 的平均变化率。

当 $\Delta x \to 0$ 时，若 y 可导，则 $\lim\limits_{\Delta x\to 0}\dfrac{\Delta y}{\Delta x}$ 即 y' 称为函数 $y=f(x)$ 的变化率。

在经济学中常常称函数 $f(x)$ 的导数 $f'(x)$ 为 $f(x)$ 的边际函数。利用函数的导数研究边际问题是经济学中的一个重要方法。常见的边际经济函数有：边际成本 $MC=C'(x)$，边际收入 $MR=R'(x)$，边际利润 $ML=L'(x)$。在经济学上，边际成本表示在产量为 x 的基础上再多生产单位产品所增加的总成本；边际收入表示在销售量为 x 的基础上再多售出单位产品所增加的收入；边际利润表示在在销售量为 x 的基础上再多售出单位产品所增加的利润。

下面举例说明导数在实际问题中的应用。

例 1 设某家工厂生产某种产品的每日总成本函数和每日总收入函数分别为

$$C(x)=100+2x+0.02x^2（元），R(x)=7x+0.01x^2（元）$$

其中 x 为日产量（千克）。求（1）边际利润函数及当日产量分别为 200 千克、250 千克和 300 千克时的边际利润，并说明其经济意义；（2）求最大利润时的日产量。

解 （1）总利润函数

$$L(x)=R(x)-C(x)=-0.01x^2+5x-100,$$

边际利润函数为 $L'(x)=R'(x)-C'(x)=-0.02x+5$，

日产量为 200 千克、250 千克和 300 千克时的边际利润分别是

$$L'(200)=1（元），L'(250)=0（元），L'(300)=-1（元），$$

其经济意义：在日产量为 200 千克的基础上再增加 1 千克产量，利润可增加 1 元；在日产量为 250kg 的基础上再增加 1 千克产量，利润无增加；在日产量为 300 千克的基础上再增加 1kg 产量，将亏损 1 元；

（2）$L'(x)=-0.02x+5=0$，得 $x=250$。$L''(x)=-0.02<0$，所以当产量为 250kg 时，利润最大。

2. 弹性分析

弹性概念是经济学中另一个重要概念，用来定量描述一个经济变量对另一个经济变量变化的灵敏程度。

假设某种商品的市场需求量 Q（箱）是价格 p（元/箱）的函数 $Q(p)$，当价格提高 Δp 时，市场的需求量就会相应的减少 ΔQ，则称 $\dfrac{\dfrac{\Delta Q}{Q}}{\dfrac{\Delta p}{p}}$ 为当价格变化 Δp 时，商品的市场需求量对价格的平均相对变化率。当 $\Delta p \to 0$ 时，称

$$\lim_{\Delta p\to 0}\frac{\dfrac{\Delta Q}{Q}}{\dfrac{\Delta p}{p}}=\frac{p}{Q}\lim_{\Delta p\to 0}\frac{\Delta Q}{\Delta p}=\frac{p}{Q}\frac{\mathrm{d}Q}{\mathrm{d}p}=p\frac{Q'}{Q}$$

为价格 p 时商品的市场需求量对价格的瞬时变化率。在经济学中，将这个量称之为需求

量对价格的弹性系数,或者称为需求对价格的点弹性,记作 E_d。

一般的,$\dfrac{dR}{dp} = \dfrac{d}{dp}[p \cdot Q(p)] = Q(p) \cdot \left[1 + \dfrac{p}{Q(p)} \cdot Q'(p)\right] = Q(p)[1 + E_d]$

(1)当 $|E_d| > 1$ 时,称为富有弹性,此时商品需求量变化的百分比高于价格变化的百分比,价格的变动对需求量的影响较大;此时价格上涨,总收入减少,价格下降,总收入增加;

(2)当 $|E_d| < 1$ 时,称为缺乏弹性,此时商品需求量变化的百分比低于价格变化的百分比,价格的变动对需求量的影响不大;此时价格上涨,总收入增加,价格下降,总收入减少;

(3)当 $|E_d| = 1$ 时,称为单位弹性,此时商品需求量变化的百分比等于价格变化的百分比,价格的变动对需求量没有影响;此时总收入不因价格变动而变动。

例 2 某企业根据市场调查,建立了某种商品的需求量 Q 与价格 p 之间的函数关系
$$Q = 100 - 2p$$
(1)求需求弹性 E_d;(2)当销售价格 p 分别为 $24,30$ 元时,要使销售收入有所增加,应采取何种价格措施?

解 (1)由 $Q' = -2$ 可得
$$E_d = p\frac{Q'}{Q} = p\frac{-2}{100 - 2p} = \frac{p}{p - 50};$$

(2)当价格为 24 元时;$E_d = \dfrac{24}{24 - 50} \approx -0.92$

当价格为 30 元时,$E_d = \dfrac{30}{30 - 50} \approx -1.5$

当价格为 24 元时,$|E_d| < 1$,适当提价可使销售增加;当价格为 30 元时;$|E_d| > 1$,采取降价措施薄利多销。

例 3 已知建材市场上实木地板的均价 p_y 会影响人们对复合地板的消费,如果复合地板的需求量 Q_x 关于实木地板均价的函数为 $Q_x(p_y) = 180 + 4p$,市场上实木地板的均价是 80 元/米^2,求在此价格上复合地板的需求对实木地板均价的弹性。

解 因为,$Q_x(80) = 180 + 4 \times 80 = 500$,得 $E_{xy} = \dfrac{Q'_x}{Q_x}p_y = \dfrac{4}{500} \times 80 = 0.64$

表示实木地板均价提高 1‰,复合地板的需求量将增加 0.64%。

在经济预测中把这种弹性称为需求的交叉弹性,它是指一种商品 x 的需求量 Q_x 对另一种商品 y 的价格变动的敏感程度,一般用 E_{xy} 表示。

做中学: 某企业的成本函数为 $C(x) = x^2 + 100$,其中 x 表示产量,求:(1)边际成本和平均成本;(2)若产品市场价格为 40,求利润最大化下的产量;(3)产品价格达到多少时,企业利润为正?

单元能力训练 2-9

1. 设成本函数 $C(x) = x^2 + 2x + 400$,求
   (1)边际成本;

（2）生产 50 个单位的产品时平均单位成本和边际成本。

2．某产品的需求函数 $Q(p)=100-5p$ ，求销售量为 15 个单位时的总收益、平均收益与边际收益。

3．某商店从工厂购进一批产品，出厂价为每件 3 元，若零售价为 4 元时，估计销售量为 400 件。若每件售价降低 0.05 元，可多销售 40 件。问每件零售价为多少时利润最大？此时销售量为多少？

4．设需求函数 $Q(p)=10000-2p^2$ ，求（1）在 $[10,20]$ 上的平均价格弹性系数；（2）需求价格弹性系数和在 $p=10$ 时的价格弹性系数。

5．设供给函数 $Q(P)=100-e^{-20p}(p \geqslant 2)$ ，求需求价格弹性系数和在 $p=10$ 时的价格弹性系数。

数学实验一

用 MATLAB 求导数

1. 命令格式

命令	功能
g＝diff(f,v)	求符号表达式 f 关于 v 的导数
g＝diff(f)	求符号表达式 f 关于默认变量的导数
g＝diff(f,v,n)	求 f 关于 v 的 n 阶导数

2. 例题：分别计算下列函数的一阶导数

（1）$f=\sin x+3x^2$ ，求 f'

≫syms x；

≫f＝sin(x)＋3 * x^2；

≫g＝diff(f,x)

g＝

cos(x)＋6 * x

（2）$h=\cos x+2x^{e^x}$ ，求 h''

≫syms x；

≫h＝ cos(x)＋2 * x^exp(x)；

≫t＝diff(h,x,2)

t＝

−cos(x)＋2 * x^exp(x) * (exp(x) * log(x)＋exp(x)/x)^2＋2 * x^exp(x) * (exp(x) * log(x)＋2 * exp(x)/x−exp(x)/x^2)

第三章
不定积分与定积分

　　微积分是研究函数的微分、积分以及有关概念和应用的数学分支。微积分是建立在实数、函数和极限的基础上的。极限和微积分的概念可以追溯到古代。到了 17 世纪后半叶，牛顿和莱布尼茨完成了许多数学家都参加过准备的工作，分别独立地建立了微积分学。他们建立微积分的出发点是直观的无穷小量，理论基础是不牢固的。直到 19 世纪，柯西和维尔斯特拉斯建立了极限理论，康托尔等建立了严格的实数理论，这门学科才得以严密化。

　　微积分是微分学和积分学的总称。微分学的主要内容包括极限理论、导数、微分等。

　　积分学的主要内容包括：定积分、不定积分等。

　　在经济管理中，由边际函数求总函数（即原函数），一般采用不定积分来解决，或求一个变上限的定积分；如果求总函数在某个范围内的改变量，则采用定积分来解决。微积分在经济学中的作用是十分重要的。对于一个企业经营者来说，对经济环节进行定量分析是很必要的，数学是一个有力的定量分析工具，它可以提供客观、精确的数据。给策划者准确而且正确的思路去进行经济活动，也是数学应用性的具体体现。微积分导致了微观经济学的形成。微观经济学正是研究市场和价格机制，如何解决三大基本经济问题，探索消费者如何得到最大满足，生产者如何得到最大利润和生产资源如何得到最优化分配的规律。微积分方法的运用，使西方经济学研究重心发生了转变，由原来带有一定"社会性、历史性"意义的政治经济学转为纯粹研究如何把有限的稀缺资源分配给无限而又有竞争性的用途上以有效利用。在当今国内外，越来越多地应用微积分知识，使经济学走上了定量化、精密化和准确化。

经济问题教学案例

　　某企业生产的产品的需求量 Q 与产品价格 p 的关系为 $Q = Q(p)$。已知需求量对价格的边际需求函数为 $f(p) = -3000p^{-2.5} + 36p^{0.2}$（单位/元），试求产品价格由 1.20 元浮动到 1.50 元时，对市场需求量的影响。

3.1　不定积分的概念和性质

　　在微分学中我们讨论了求一个已知函数的导数（或微分）的问题。在科学技术和经济管理中，常常需要研究其逆命题，即已知函数的导数，如何求得该函数。例如：已知边际成本函数 C_M，如何求总成本函数；当已知曲线上各点的切线斜率 $k = k(t)$ 时，又如何求得曲线方程。类似的问题还可以提出很多，下面再举一个例子。

若已知 $f'(x) = \cos x$，则不难直接验证

$$f(x) = \sin x \text{ 或 } f(x) = \sin x + C$$

都有导数 $\cos x$。这里，C 为任意常数。我们称 $\sin x$ 为 $\cos x$ 的一个原函数。显然，对任意常数 C，$\sin x + C$ 也都是 $\cos x$ 的原函数。一般地，可以给出如下定义：

定义 3.1.1 设 $f(x)$ 为定义在某个区间上的函数，若存在函数 $F(x)$，使其在该区间上的任一点，都有 $F'(x) = f(x)$，则称 $F(x)$ 为函数 $f(x)$ 在该区间上的一个原函数。

一、关于原函数的问题

1. 原函数存在定理：如果函数 $f(x)$ 在区间 I 上连续。那么在区间 I 上存在可导函数 $F(x)$，使对任一 $x \in I$ 都有 $F'(x) = f(x)$，即连续函数一定存在原函数。

2. 设 $F(x)$ 是 $f(x)$ 在区间 I 上的一个原函数，那么对任意常数 C 有 $[F(x) + C]' = f(x)$ 即对任意常数 C，函数 $F(x) + C$ 也是 $f(x)$ 的原函数。如果 $f(x)$ 有一个原函数，那么 $f(x)$ 就有无穷多个原函数。

定义 3.1.2 如果 $F(x)$ 是函数 $f(x)$ 的一个原函数，则 $f(x)$ 的所有原函数 $F(x) + C$（C 为任意常数）称为 $f(x)$ 的不定积分，记作 $\int f(x)\mathrm{d}x = F(x) + C$。其中记号 $\int$ 称为积分号，$f(x)$ 称为被积函数，$f(x)\mathrm{d}x$ 称为被积表达式，x 称为积分变量。

因此不定积分 $\int f(x)\mathrm{d}x$ 可以表示 $f(x)$ 的所有原函数。

例 1 求 $\int x^2 \mathrm{d}x$。

解 由于 $\left(\dfrac{x^3}{3}\right)' = x^2$ 所以 $\dfrac{x^3}{3}$ 是 x^2 的一个原函数，因此 $\int x^2 \mathrm{d}x = \dfrac{x^3}{3} + C$。

例 2 求 $\int \dfrac{1}{x}\mathrm{d}x$。

解 $(\ln x)' = \dfrac{1}{x}$，所以 $\ln x$ 是 $\dfrac{1}{x}$ 在 $(0, +\infty)$ 内的原函数，因此在 $(0, +\infty)$ 内，有

$$\int \frac{1}{x}\mathrm{d}x = \ln x + C。$$

当 $x < 0$ 时，由于 $[\ln(-x)]' = \dfrac{1}{-x} \cdot (-1) = \dfrac{1}{x}$ 所以 $\ln(-x)$ 是 $\dfrac{1}{x}$ 在 $(-\infty, 0)$ 内的原函数，因此在 $(-\infty, 0)$ 内

$$\int \frac{1}{x}\mathrm{d}x = \ln(-x) + C。$$

把以上结果综合起来，得 $\int \dfrac{1}{x}\mathrm{d}x = \ln|x| + C$。

例 3 求 $\int a^x \mathrm{d}x (a > 0, a \neq 1)$。

解 因 $(a^x)' = a^x \ln a$，$\left(\dfrac{1}{\ln a} a^x\right)' = a^x$

故 $\dfrac{1}{\ln a}a^x$ 是 a^x 的一个原函数，从而 $\int a^x \mathrm{d}x = \dfrac{1}{\ln a}a^x + C$。

例 4 设曲线通过点 $(1,2)$，且其上任一点处的切线斜率等于这点横坐标的 2 倍，求此曲线的方程。

解 设所求曲线方程为 $y = f(x)$，由题设曲线上任一点 (x,y) 处的切线斜率为 $\dfrac{\mathrm{d}y}{\mathrm{d}x}$ $= 2x$。

即 $f(x)$ 是 $2x$ 的原函数，因为 $\int 2x \mathrm{d}x = x^2 + C$，

故 $f(x) = x^2 + C$。

又因为所求曲线通过点 $(1,2)$，所以 $2 = 1^2 + C \Rightarrow C = 1$，于是所求曲线方程为 $y = x^2 + 1$。

二、不定积分的性质

1. 不定积分与微分(求导)互为逆运算：

(1) $\left[\int f(x)\mathrm{d}x\right]' = f(x)$ 或 $\mathrm{d}\int f(x)\mathrm{d}x = f(x)\mathrm{d}x$；

(2) $\int F'(x)\mathrm{d}x = F(x) + C$ 或 $\int \mathrm{d}F(x) = F(x) + C$。

由此可见微分运算(以符号 d 表示)与求不定积分的运算(简称积分运算，以符号 $\int$ 表示)是互逆的，符号 $\int$ 与 d 一起时或者抵消，或者抵消后差一常数。

2. 不定积分的运算性质

(1)被积函数中不为零的常数因子可以移到积分符号前面，即

$\int kf(x)\mathrm{d}x = k\int f(x)\mathrm{d}x (k \neq 0)$。

(2)两个可积函数和的积分等于各函数积分之和。即

$\int [f(x) \pm g(x)]\mathrm{d}x = \int f(x)\mathrm{d}x \pm \int g(x)\mathrm{d}x$。

该性质可以推广到有限个可积函数的情形。

三、不定积分的基本积分公式

1. $\int k\mathrm{d}x = kx + C$（ k 为常数）。

2. $\int x^\mu \mathrm{d}x = \dfrac{1}{\mu+1}x^{\mu+1} + C$（ $\mu \neq -1$ ）。

3. $\int \dfrac{1}{x}\mathrm{d}x = \ln |x| + C$。

4. $\int \mathrm{e}^x \mathrm{d}x = \mathrm{e}^x + C$。

5. $\int a^x \mathrm{d}x = \dfrac{1}{\ln a}a^x + C$。

6. $\int \cos x \, \mathrm{d}x = \sin x + C$。

7. $\int \sin x \, \mathrm{d}x = -\cos x + C$。

8. $\int \tan x \, \mathrm{d}x = -\ln \mid \cos x \mid + C$。

9. $\int \cot x \, \mathrm{d}x = \ln \mid \sin x \mid + C$。

10. $\int \sec^2 x \, \mathrm{d}x = \tan x + C$。

11. $\int \csc^2 x \, \mathrm{d}x = -\cot x + C$。

12. $\int \sec x \tan x \, \mathrm{d}x = \sec x + C$。

13. $\int \csc x \cot x \, \mathrm{d}x = -\csc x + C$。

14. $\int \sec x \, \mathrm{d}x = \ln \mid \sec x + \tan x \mid + C$。

15. $\int \csc x \, \mathrm{d}x = \ln \mid \csc x - \cot x \mid + C$。

16. $\int \dfrac{1}{\sqrt{1-x^2}} \mathrm{d}x = \arcsin x + C$。

17. $\int \dfrac{1}{1+x^2} \mathrm{d}x = \arctan x + C$。

18. $\int \dfrac{1}{a^2+x^2} \mathrm{d}x = \dfrac{1}{a} \arctan \dfrac{x}{a} + C$。

19. $\int \dfrac{1}{\sqrt{a^2-x^2}} \mathrm{d}x = \arcsin \dfrac{x}{a} + C$。

20. $\int \dfrac{1}{x^2-a^2} \mathrm{d}x = \dfrac{1}{2a} \ln \left| \dfrac{x-a}{x+a} \right| + C$。

以上 20 个基本积分公式是求不定积分的基础，要记牢。

例 5 $\int \tan^2 x \, \mathrm{d}x$。

解 $\int \tan^2 x \, \mathrm{d}x = \int (\sec^2 x - 1) \mathrm{d}x = \int \sec^2 x \, \mathrm{d}x - \int \mathrm{d}x = \tan x - x + C$。

做中学： $\quad$ 求 $\int \dfrac{1}{\sin^2 x \cos^2 x} \mathrm{d}x$ 。

例 6 已知某产品产量的变化率是时间 t 的函数 $f(t) = at + b$（a，b 是常数），设此产

量 t 时刻的产量函数为 $P(t)$，已知 $P(0)=0$，求 $P(t)$。

解　$P(t)$ 对时间 t 求导就是产品的变化率，根据题意可知

$$P(t)=\int f(t)\mathrm{d}t=\int(at+b)\mathrm{d}t=\frac{1}{2}at^2+bt+C$$

又 $P(0)=0$

所以　$0=\frac{1}{2}a\times0^2+b\times0+C$

即 $C=0$

$P(t)=\frac{1}{2}at^2+bt$。

单元能力训练 3-1

1. 求不定积分。

(1) $\int\left(3-\csc^2x+\frac{1}{1+x^2}\right)\mathrm{d}x$；

(2) $\int\frac{x^4}{1+x^2}\mathrm{d}x$；

(3) $\int\left(\frac{2}{x}+\frac{x}{3}\right)\mathrm{d}x$；

(4) $\int\cot^2x\,\mathrm{d}x$。

2. 求不定积分。

(1) $\int\frac{\mathrm{e}^{2x}-1}{1+\mathrm{e}^x}\mathrm{d}x$；

(2) $\int\sec x(\sec x-\tan x)\mathrm{d}x$；

(3) $\int\frac{\mathrm{d}x}{x^2\sqrt{x}}$；

(4) $\int\frac{\cos2x}{\sin^2x\cos^2x}\mathrm{d}x$。

3.2　换元积分法

利用不定积分基本公式与不定积分的运算性质求积分的方法，称之为直接积分法，这是 3.1 中讲述的。但是，所能计算的不定积分是非常有限的，因此，有必要进一步来研究不定积分的求法。换元积分法是求不定积分的一种重要方法。

一、第一换元积分法

定理 3.2.1（第一换元积分法）　若 $\int f(x)\mathrm{d}x=F(x)+C$，则

$\int f(u)\mathrm{d}u=F(u)+C$，其中 $u=\varphi(x)$ 是 x 的任意一个可微的函数。

则有 $\int f[\varphi(x)]\varphi'(x)\mathrm{d}x=\int f[\varphi(x)]\mathrm{d}\varphi(x)=F[\varphi(x)]+C$。

第一换元积分法的解题步骤：

设 $\int g(x)\mathrm{d}x$，如果被积函数 $g(x)$ 可化为 $g(x)=f[\varphi(x)]\cdot\varphi'(x)$ 的形式，则

$\int g(x)\mathrm{d}x\underset{\text{恒等变形}}{=\!=\!=}\int f[\varphi(x)]\varphi'(x)\mathrm{d}x\underset{\text{凑微分}}{=\!=\!=}\int f[\varphi(x)]\mathrm{d}\varphi(x)\underset{\varphi(x)=u}{=\!=\!=}\int f(u)\mathrm{d}u$

求不定积分$F(u)+C$回代$F[\varphi(x)]+C$。

注：关键是如何选取 $\varphi(x)$，并将 $\varphi'(x)\mathrm{d}x$ 凑成微分 $\mathrm{d}\varphi(x)$ 的形式，因此，第一换元积分法又称为"凑微分"法。

例1 求 $\displaystyle\int\frac{1}{x}\ln x\mathrm{d}x$ 。

解 $\displaystyle\int\frac{1}{x}\ln x\mathrm{d}x=\int\ln x\mathrm{d}(\ln x)\underline{\underline{\ln x=u}}\int u\mathrm{d}u$ 求不定积分 $\dfrac{1}{2}u^2+C$ 回代 $\dfrac{1}{2}\ln^2x+C$ 。

注：凑微分法运用熟练后，可以省略换元步骤，直接写结果．以下是常用的凑微分等式，熟记这些等式有助于提高解题速度。

$$\mathrm{d}x=\frac{1}{a}\mathrm{d}(ax+b)\,;\qquad x\mathrm{d}x=\frac{1}{2}\mathrm{d}(x^2+b)\,;\qquad x^2\mathrm{d}x=\frac{1}{3}\mathrm{d}(x^3+b)\,;$$

$$\frac{\mathrm{d}x}{\sqrt{x}}=2\mathrm{d}(\sqrt{x})\,;\qquad \mathrm{e}^x\mathrm{d}x=\mathrm{d}(\mathrm{e}^x)\,;\qquad \frac{\mathrm{d}x}{x}=\mathrm{d}(\ln|x|)\,;$$

$$\frac{\mathrm{d}x}{x^2}=-\mathrm{d}\left(\frac{1}{x}\right)\,;\qquad \sin x\mathrm{d}x=-\mathrm{d}(\cos x)\,;\qquad \cos x\mathrm{d}x=\mathrm{d}(\sin x)\,;$$

$$\frac{1}{\cos^2 x}\mathrm{d}x=\mathrm{d}(\tan x)\,;\qquad \frac{1}{\sin^2 x}\mathrm{d}x=-\mathrm{d}(\cot x)\,;\qquad \frac{1}{\sqrt{1-x^2}}\mathrm{d}x=\mathrm{d}(\arcsin x)\,;$$

$$\frac{1}{1+x^2}\mathrm{d}x=\mathrm{d}(\arctan x)\,;\qquad \sec x\tan x\mathrm{d}x=\mathrm{d}(\sec x)\,;\qquad \csc x\cot x\mathrm{d}x=-\mathrm{d}(\csc x)\,。$$

例2 求 $\displaystyle\int\frac{1}{x^2}\mathrm{e}^{-\frac{1}{x}}\mathrm{d}x$ 。

解 $\displaystyle\int\frac{1}{x^2}\mathrm{e}^{-\frac{1}{x}}\mathrm{d}x=\int\mathrm{e}^{-\frac{1}{x}}\mathrm{d}\left(-\frac{1}{x}\right)=\mathrm{e}^{-\frac{1}{x}}+C$ 。

例3 求不定积分：

(1) $\displaystyle\int\frac{1}{a^2+x^2}\mathrm{d}x$ ； (2) $\displaystyle\int\tan x\mathrm{d}x$ 。

解 (1) $\displaystyle\int\frac{1}{a^2+x^2}\mathrm{d}x=\int\frac{\frac{1}{a^2}}{1+\frac{x^2}{a^2}}\mathrm{d}x=\frac{1}{a^2}\int\frac{\mathrm{d}x}{1+\left(\frac{x}{a}\right)^2}=\frac{a}{a^2}\int\frac{\mathrm{d}\left(\frac{x}{a}\right)}{1+\left(\frac{x}{a}\right)^2}=\frac{1}{a}\arctan\frac{x}{a}$

$+C$ ；

(2) $\displaystyle\int\tan x\mathrm{d}x=\int\frac{\sin x}{\cos x}\mathrm{d}x=-\int\frac{1}{\cos x}\mathrm{d}(\cos x)=-\ln|\cos x|+C$ 。

二、第二换元积分法

第一换元积分法是将一个难以求出的不定积分 $\displaystyle\int f[\varphi(x)]\varphi'(x)\mathrm{d}x$，通过换元化为容易求出的积分 $\displaystyle\int f(u)\mathrm{d}u$；但是我们经常遇到相反的情况，有时不易求 $\displaystyle\int f(u)\mathrm{d}u$，若适当选择变换 $u=\varphi(x)$ 后，则积分 $\displaystyle\int f[\varphi(x)]\varphi'(x)\mathrm{d}x$ 却比较容易求解。这是下面的第二换元积分法。

定理3.2.2 设 $x=\varphi(t)$ 有连续导数且 $\varphi'(t)\neq 0$，$\displaystyle\int f[\varphi(t)]\varphi'(t)\mathrm{d}t=F(t)+C$，则

$$\int f(x)\mathrm{d}x = F[\varphi^{-1}(x)] + C \text{。}$$

第二换元积分法的解题步骤：

$$\int f(x)\mathrm{d}x = \int f[\varphi(t)]\varphi'(t)\mathrm{d}t = \int g(t)\mathrm{d}t = F(t) + C = F[\varphi^{-1}(x)] + C \text{。}$$

1. 第二换元积分法的常见形式之一

被积函数中含有 $\sqrt[n]{ax+b}$ 的不定积分，令 $\sqrt[n]{ax+b} = t$，即做变换 $x = \dfrac{1}{a}(t^n - b)(a \neq 0)$，$\mathrm{d}x = \dfrac{n}{a}t^{n-1}\mathrm{d}t$。

例 4 求不定积分 $\displaystyle\int \frac{\sqrt{x-4}}{x}\mathrm{d}x$。

解 令 $\sqrt{x-4} = t$，即 $x = t^2 + 4$，去掉被积函数中的根号，此时，$\mathrm{d}x = 2t\mathrm{d}t$，于是

$$\int \frac{\sqrt{x-4}}{x}\mathrm{d}x = \int \frac{t}{t^2+4} \cdot 2t \, \mathrm{d}t = 2\int \frac{t^2}{t^2+4}\mathrm{d}t = 2\int \frac{t^2+4-4}{t^2+4}\mathrm{d}t$$

$$= 2\int \left(1 - \frac{4}{t^2+2^2}\right)\mathrm{d}t = 2\left(t - 2\arctan\frac{t}{2}\right) + C = 2\left(\sqrt{x-4} - 2\arctan\frac{\sqrt{x-4}}{2}\right) + C \text{。}$$

例 5 求不定积分 $\displaystyle\int \frac{\mathrm{d}x}{\sqrt{x+1}+2}$。

解 令 $\sqrt{x+1} = t$，即 $x = t^2 - 1$，则 $\mathrm{d}x = 2t\mathrm{d}t$，于是

$$\int \frac{\mathrm{d}x}{\sqrt{x+1}+2} = 2\int \frac{t\,\mathrm{d}t}{t+2} = 2\int \frac{t+2-2}{t+2}\mathrm{d}t = 2\int \mathrm{d}t - 4\int \frac{1}{t+2}\mathrm{d}t$$

$$= 2t - 4\ln|t+2| + C = 2\sqrt{x+1} - 4\ln|\sqrt{x+1}+2| + C \text{。}$$

做中学： 求不定积分 $\displaystyle\int \frac{\mathrm{d}x}{\sqrt{x}+\sqrt[4]{x}}$。

2. 第二换元积分法的常见形式之二

$\sqrt{a^2-x^2}$，$\sqrt{a^2+x^2}$，$\sqrt{x^2-a^2}(a>0)$ 的不定积分。通常采用三角换元的方法可去掉根号：$\sqrt{a^2-x^2}$，设 $x = a\sin t$；$\sqrt{a^2+x^2}$，设 $x = a\tan t$；$\sqrt{x^2-a^2}$，设 $x = a\sec t$。

例 6 求下列不定积分（其中 $a>0$）：

$$\int \frac{1}{\sqrt{a^2+x^2}}\mathrm{d}x \text{。}$$

解 设 $x = a\tan t\left(-\dfrac{\pi}{2} < t < \dfrac{\pi}{2}\right)$，则 $\mathrm{d}x = a\sec^2 t \, \mathrm{d}t$，于是

$$\int \frac{1}{\sqrt{a^2+x^2}}\mathrm{d}x = \int \frac{a\sec^2 t}{\sqrt{a^2+(a\tan t)^2}}\mathrm{d}t = \int \sec t\mathrm{d}t = \ln|\sec t + \tan t| + C$$

$$= \ln|\sqrt{1+\tan^2 t} + \tan t| + C = \ln\left|\sqrt{1+\left(\frac{x}{a}\right)^2} + \frac{x}{a}\right| + C$$

$$= \ln(x + \sqrt{x^2 + a^2}) + C'(C' = C - \ln a)。$$

例 7 $\displaystyle\int \frac{1}{\sqrt{x^2 - a^2}}dx$（$a > 0$）。

解 设 $x = a\sec t\left(-\dfrac{\pi}{2} < t < \dfrac{\pi}{2}\right)$，则 $dx = a\sec t\tan t\,dt$，于是

$$\int \frac{1}{\sqrt{x^2 - a^2}}dx = \int \frac{a\sec t\tan t}{\sqrt{(a\sec t)^2 - a^2}}dt = \int \sec t\,dt = \ln|\sec t + \tan t| + C$$

$$= \ln\left|\frac{x}{a} + \sqrt{\left(\frac{x}{a}\right)^2 - 1}\right| + C$$

$$= \ln\left|x + \sqrt{x^2 - a^2}\right| + C'(C' = C - \ln a)。$$

单元能力训练 3-2

1. 求下列各不定积分。

(1) $\displaystyle\int e^{5t}dt$；

(2) $\displaystyle\int (3x-2)^3 dx$；

(3) $\displaystyle\int \sin\frac{2}{3}t\,dt$；

(4) $\displaystyle\int \frac{dx}{1-2x}$；

(5) $\displaystyle\int \frac{2x\,dx}{1+x^2}$；

(6) $\displaystyle\int x\sqrt{1-x^2}\,dx$；

(7) $\displaystyle\int \frac{(\ln x)^2}{x}dx$；

(8) $\displaystyle\int \frac{dx}{x\ln x}$；

(9) $\displaystyle\int \frac{1}{x^2}e^{\frac{1}{x}}dx$；

(10) $\displaystyle\int \frac{dx}{1+9x^2}$；

(11) $\displaystyle\int \frac{x-1}{x^2+1}dx$；

(12) $\displaystyle\int \frac{2x-1}{\sqrt{1-x^2}}dx$；

(13) $\displaystyle\int e^{\sin x}\cos x\,dx$；

(14) $\displaystyle\int \frac{(\arcsin x)^2}{\sqrt{1-x^2}}dx$。

2. 求下列各不定积分。

(1) $\displaystyle\int \frac{dx}{1+\sqrt{x}}$；

(2) $\displaystyle\int x\sqrt{x+1}\,dx$；

(3) $\displaystyle\int \frac{dx}{1-\sqrt{2x}}$；

(4) $\displaystyle\int \frac{dx}{(1+x)\sqrt{x}}$；

(5) $\displaystyle\int \frac{\sqrt{x-1}}{x}dx$；

(6) $\displaystyle\int (1-x^2)^{\frac{-3}{2}}dx$；

(7) $\displaystyle\int \frac{dx}{x^2\sqrt{x^2+1}}$；

(8) $\displaystyle\int \frac{dx}{\sqrt{x}+\sqrt[3]{x}}$。

3.3 分部积分法

分部积分法是积分中另一个重要的方法，它是由微分法中的乘积的求导法则推导而得，因此，它主要解决被积函数是两个不同类型的函数乘积的积分问题。

设 $u = u(x)$，$v = v(x)$ 有连续的导数，由 $(uv)' = u'v + uv'$，得 $uv' = (uv)' - u'v$

两边积分，有 $\displaystyle\int uv'dx = \int (uv)'dx - \int u'v\,dx$

即 $$\int u\,dv = uv - \int v\,du \tag{1}$$

(1)就是分部积分公式，使用分部积分公式求不定积分的方法称为分部积分法。分部积分法关键是把积分 $\displaystyle\int f(x)dx$ 写成 $\displaystyle\int u\,dv$ 的形式，这就要正确地选取 u 和 dv，使积分 $\displaystyle\int v\,du$

比积分 $\int u\mathrm{d}v$ 容易求出。

例 1　求 $\int x\cos x\mathrm{d}x$ 。

解　令 $u = x$ ，$dv = \cos x\mathrm{d}x$ ，则 $v = \sin x$ ，于是

$$\int x\cos x\mathrm{d}x = \int x\mathrm{d}(\sin x) = x\sin x - \int \sin x\mathrm{d}x = x\sin x - (-\cos x) + C$$

$$= x\sin x + \cos x + C \text{。}$$

另一种解法　若令 $u = \cos x$ ，$dv = x\mathrm{d}x$ ，则 $v = \frac{1}{2}x^2$ ，于是

$$\int x\cos x\mathrm{d}x = \int \cos x\mathrm{d}\left(\frac{1}{2}x^2\right) = \cos x \cdot \frac{1}{2}x^2 - \int \frac{1}{2}x^2\mathrm{d}(\cos)x$$

$$= \frac{1}{2}x^2\cos x + \int \frac{1}{2}x^2\sin x\mathrm{d}x \text{。}$$

$\int \frac{1}{2}x^2\sin x\mathrm{d}x$ 反而比原积分 $\int x\cos x\mathrm{d}x$ 更难求了。可见，$u = u(x)$ 和 $dv = dv(x)$ 的选择不是任意的，如果选取不当，会增加解题难度。一般地，按以下方法选择 $u = u(x)$ 和 $\mathrm{d}v = \mathrm{d}v(x)$ ：

(1) $v(x)$ 易求，便于求原函数；

(2) $\int v\,\mathrm{d}u$ 要比 $\int u\,\mathrm{d}v$ 容易求出。

例 2　求 $\int x\mathrm{e}^x\,\mathrm{d}x$ 。

解　设 $u = x$ ，$dv = \mathrm{e}^x\mathrm{d}x$ ，则 $v = \mathrm{e}^x$ ，于是

$$\int x\mathrm{e}^x\mathrm{d}x = \int x\,\mathrm{d}\mathrm{e}^x = x\mathrm{e}^x - \int \mathrm{e}^x\mathrm{d}x = x\mathrm{e}^x - \mathrm{e}^x + C \text{。}$$

注：在分部积分法中，u 及 dv 的选择有一定规律。当被积函数为幂函数与正(余)弦或指数函数的乘积时，往往选取幂函数为 u 。

例 3　求 $\int x^2\ln x\,\mathrm{d}x$ 。

解　为使 v 容易求得，选取 $u = \ln x$ ，$dv = x^2\mathrm{d}x = \mathrm{d}\left(\frac{1}{3}x^3\right)$ ，则 $v = \frac{1}{3}x^3$ ，于是

$$\int x^2\ln x\,\mathrm{d}x = \frac{1}{3}\int \ln x\,\mathrm{d}x^3 = \frac{1}{3}x^3\ln x - \frac{1}{3}\int x^3\mathrm{d}(\ln x)$$

$$= \frac{1}{3}x^3\ln x - \frac{1}{3}\int x^2\mathrm{d}x = \frac{1}{3}x^3\ln x - \frac{1}{9}x^3 + C \text{。}$$

注：(1) 如果被积函数含有对数函数或反三角函数，可以考虑用分部积分法，并设对数函数或反三角函数为 u ；

(2) 熟练后，可把认定的 u ，dv 记在心里不用写出来，直接在分部积分公式中应用。

例 4　求 $\int \mathrm{e}^x\sin x\,\mathrm{d}x$ 。

解　$\int \mathrm{e}^x\sin x\,\mathrm{d}x = \int \mathrm{e}^x\mathrm{d}(-\cos x) = -\mathrm{e}^x\cos x + \int \mathrm{e}^x\cos x\,\mathrm{d}x$

$$= -e^x \cos + \int e^x d(\sin x)$$

$$= -e^x \cos x + e^x \sin x - \int e^x \sin x \, dx$$

由于上式第三项就是所求的积分 $\int e^x \sin x \, dx$ ，把它移到等式左边，得

$$2\int e^x \sin x \, dx = e^x(\sin x - \cos x) + 2C ,$$

故 $\int e^x \sin x \, dx = \dfrac{1}{2} e^x(\sin x - \cos x) + C$ 。

有时求一个不定积分，需要将换元积分法和分部积分法结合起来使用。

例 5 求 $\int e^{\sqrt{x}} dx$ 。

解 先去根号，设 $\sqrt{x} = t$ ，则 $x = t^2$ ，$dx = 2t \, dt$ ，于是

$$\int e^{\sqrt{x}} dx = \int e^t \cdot 2t \, dt = 2\int t \, de^t = 2te^t - 2\int e^t \, dt$$

$$= 2te^t - 2e^t + C = 2e^{\sqrt{x}}(\sqrt{x} - 1) + C 。$$

例 6 求 $\int x \arctan x \, dx$ 。

解 $\displaystyle \int x \arctan x \, dx = \int \arctan x \, d\left(\dfrac{1}{2}x^2\right) = \dfrac{1}{2}x^2 \arctan x - \dfrac{1}{2}\int x^2 \, d(\arctan x)$

$$= \dfrac{1}{2}x^2 \arctan x - \dfrac{1}{2}\int x^2 \cdot \dfrac{1}{1+x^2} dx = \dfrac{1}{2}x^2 \arctan x - \dfrac{1}{2}\int \left(1 - \dfrac{1}{1+x^2}\right) dx$$

$$= \dfrac{1}{2}x^2 \arctan x - \dfrac{1}{2}(x - \arctan x) + C 。$$

做中学： 求 1. $\displaystyle \int x^2 e^x dx$ ； 2. $\displaystyle \int x \ln x \, dx$ 。

单元能力训练 3-3

求下列不定积分。

(1) $\displaystyle \int x \sin x \, dx$ ；

(2) $\displaystyle \int x e^{-x} dx$ ；

(3) $\displaystyle \int x \cos 2x \, dx$ ；

(4) $\displaystyle \int \ln x \, dx$ ；

(5) $\displaystyle \int \arcsin x \, dx$ ；

(6) $\displaystyle \int x^2 \sin \dfrac{x}{3} dx$ ；

(7) $\displaystyle \int e^x \cos x \, dx$ ；

(8) $\displaystyle \int x \tan^2 x \, dx$ ；

(9) $\displaystyle \int e^{\sqrt{t}} dt$ 。

3.4 定积分

定积分是特定"和式的极限"，不定积分的运算是微分的逆运算，它们通过牛顿-莱布尼

茨公式联系在一起。本章主要讨论定积分和不定积分的概念、积分方法及其应用。

一、定积分的概念与性质

定积分的概念如同其他数学概念一样来源于实际。本节将从两个计算"和式的极限"实例出发,抽象出定积分的概念,并介绍定积分的性质及在积分学中占有重要地位的牛顿-莱布尼茨公式。

1. 求曲边梯形的面积

如图 3-1 所示,设 $y = f(x)$ 在 $[a,b]$ 上非负,连续,由直线 $x = a,x = b,y = 0$ 及曲线 $y = f(x)$ 所围成的图形,称为曲边梯形。求曲边梯形的面积:

(1) 分割　在区间 $[a,b]$ 中任意插入若干个分点

$a = x_0 < x_1 < x_2 \cdots < x_{n-1} < x_n = b$,把 $[a,b]$ 分成 n 个小区间

$[x_0,x_1],[x_1,x_2],\cdots,[x_{n-1},x_n]$,

它们的长度依次为:

$$\Delta x_1 = x_1 - x_0,\Delta x_2 = x_2 - x_1,\cdots,\Delta x_n = x_n - x_{n-1}$$

(2) 取近似　经过每一个分点作平行于 y 轴的直线段,把曲边梯形分成 n 个小曲边梯形,在每个小区间 $[x_{i-1},x_i]$ 上任取一点 ξ_i ,以 $[x_{i-1},x_i]$ 为底,$f(\xi_i)$ 为高的小矩形近似替代第 i 个小曲边梯形($i = 1,2,\cdots,n$),即 $\Delta A_i \approx f(\xi_i)\Delta x_i$

(3) 求和　把 n 个小矩形面积相加就得到曲边梯形面积 A 的近似值,即

$$A \approx f(\xi_1)\Delta x_1 + f(\xi_2)\Delta x_2 + \cdots + f(\xi_n)\Delta x_n = \sum_{i=1}^{n} f(\xi_i)\Delta x_i$$

(4) 取极限　设 $\lambda = \max\{\Delta x_1,\Delta x_2,\cdots,\Delta x_n\}$,$\lambda \to 0$ 时,可得曲边梯形的面积

$$A = \lim_{\lambda \to 0} \sum_{i=1}^{n} f(\xi_i)\Delta x_i$$

图 3-1

2. 求总产量问题

当总产量对时间的变化率保持不变时,总产量就等于它们的变化率与时间的乘积。现设总产量的变化率 q 是时间 t 的函数 $q = q(t)$,求在生产连续进行时,从时刻 T_1 到时刻 T_2 的一段时间 $[T_1,T_2]$ 上总产量 Q 。

(1) 分割　在 $[T_1,T_2]$ 内任意插入若干个分点 $T_1 = t_0 < t_1 < t_2 < \cdots t_{n-1} < t_n = T_2$

把 $[T_1,T_2]$ 分成 n 个小区间 $[t_0,t_1],[t_1,t_2],\cdots,[t_{n-1},t_n]$

各小区间的长依次为:

$\Delta t_1 = t_1 - t_0$,$\Delta t_2 = t_2 - t_1,\cdots,\Delta t_n = t_n - t_{n-1}$,

(2) 取近似　任取时刻 $\xi_i \in [t_{i-1},t_i]$,以 $q(\xi_i)\Delta t_i$ 作为第 i 个时段 $[t_{i-1},t_i]$ 上的产量 ΔQ_i 近似值,即 $\Delta Q_i \approx q(\xi_i)\Delta t_i(i = 1,2,\cdots,n)$

(3) 求和　把 n 个时段上的产量相加,就得到总产量 Q 的近似值:$Q \approx \sum_{i=1}^{n} q(\xi_i)\Delta t_i$

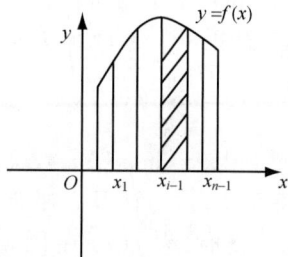

（4）取极限　设 $\lambda = \max\{\Delta t_1, \Delta t_2, \cdots, \Delta t_n\}$，当 $\lambda \rightarrow 0$ 时，上式和式的极限就是从时刻 T_1 到时刻 T_2 的总产量 Q，

即

$$Q = \lim_{\lambda \rightarrow 0} \sum_{i=1}^{n} q(\xi_i) \Delta t_i$$

二、定积分的定义

定义 3.4.1　设函数 $f(x)$ 在 $[a,b]$ 上有定义，在 $[a,b]$ 中任意插入若干个分点

$$a = x_0 < x_1 < x_2 < \cdots < x_{n-1} < x_n = b。$$

把区间 $[a,b]$ 分成 n 个小区 $[x_0, x_1], [x_1, x_2], \cdots, [x_{n-1}, x_n]$，

各个小区间的长度依次为 $\Delta x_1 = x_1 - x_0, \Delta x_2 = x_2 - x_1, \cdots, \Delta x_n = x_n - x_{n-1}$。

在每个小区间 $[x_{i-1}, x_i]$ 上任取一点 $\xi_i (x_{i-1} \leqslant \xi_i \leqslant x_i)$，做函数值 $f(\xi_i)$ 与小区间长度 Δx_i 的乘积 $f(\xi_i)\Delta x_i (i = 1, 2, \cdots, n)$ 并做出和

$$S = \sum_{i=1}^{n} f(\xi_i) \Delta x_i。$$

记 $\lambda = \max\{\Delta x_1, \Delta x_2, \cdots, \Delta x_n\}$，只要当 $\lambda \rightarrow 0$ 时，上述和式的极限存在（该极限值与区间 $[a,b]$ 分法及 ξ_i 的取法都无关），则称此极限值为函数 $f(x)$ 在区间 $[a,b]$ 上的定积分，（此时，称 $f(x)$ 在 $[a,b]$ 上可积）记作

$$\int_a^b f(x)\mathrm{d}x = \lim_{\lambda \rightarrow 0} \sum_{i=1}^{n} f(\xi_i) \Delta x_i。$$

其中 $f(x)$ 叫作被积函数，$f(x)\mathrm{d}x$ 叫作被积表达式，x 叫作积分变量，a 叫作积分下限，b 叫作积分上限，$[a,b]$ 叫作积分区间。

关于定积分的定义，请注意以下几点。

（1）定积分值是一个确定的常数，它只与被积函数 $f(x)$ 及积分区间 $[a,b]$ 有关，与积分变量用什么字母无关，即

$$\int_a^b f(x)\mathrm{d}x = \int_a^b f(t)\mathrm{d}t = \int_a^b f(u)\mathrm{d}u;$$

（2）在定积分中假定了 $a < b$，再补充以下规定：

当 $a = b$ 时，$\int_a^b f(x)\mathrm{d}x = 0$；

当 $a > b$ 时，$\int_a^b f(x)\mathrm{d}x = -\int_b^a f(x)\mathrm{d}x$。

（3）定积分的存在性：可以证明当 $f(x)$ 在 $[a,b]$ 上连续或只有有限个第一类间断点（即跳跃间断点和可去间断点）时，$f(x)$ 在 $[a,b]$ 上的定积分存在（也称可积）。

例 1　利用定积分定义计算 $\int_0^1 x^2 \mathrm{d}x$。

解　如图 3-2 所示，$f(x) = x^2$ 在 $[0,1]$ 上连续，从而可积，为便于计算，把区间 $[0,1]$ n 等分，分点 $x_i = \dfrac{i}{n}, i = 1, 2, \cdots, n-1; \xi_i$ 取相应小区间的右端点，

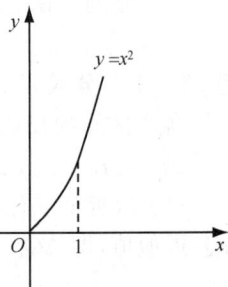
图 3-2

故 $\sum_{i=1}^{n} f(\xi_i)\Delta x_i = \sum_{i=1}^{n}\xi_i^2\Delta x_i = \sum_{i=1}^{n}x_i^2\Delta x_i = \sum_{i=1}^{n}\left(\frac{i}{n}\right)^2\frac{1}{n} = \frac{1}{n^3}\sum_{i=1}^{n}i^2 = \frac{1}{n^3}\frac{1}{6}n(n+1)(2n+$

1)

$$= \frac{1}{6}\left(1+\frac{1}{n}\right)\left(2+\frac{1}{n}\right)$$

$\lambda \to 0$ 时（即 $n \to \infty$ 时），由定积分的定义得：$\int_0^1 x^2\mathrm{d}x = \frac{1}{3}$。

三、积分的几何意义

1. 当 $f(x) > 0$ 时，定积分 $\int_a^b f(x)\mathrm{d}x$ 表示曲线 $y = f(x)$，直线 $x = a$，$x = b$ 及 x 轴所围成的曲边梯形的面积（如图 3-3 所示）。

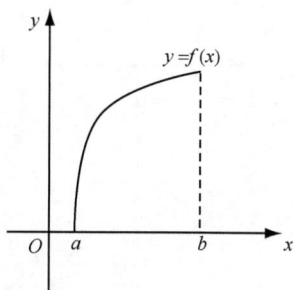

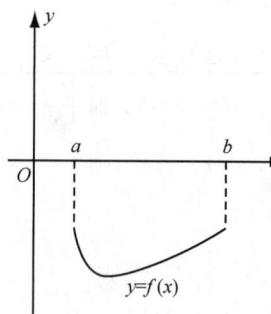

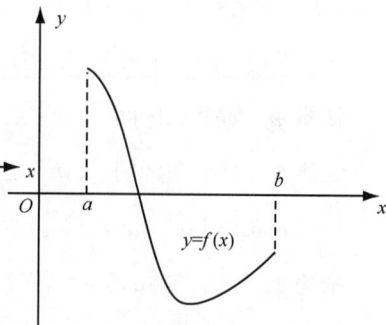

图 3-3　　　　　　　　　图 3-4　　　　　　　　　图 3-5

2. 当 $f(x) < 0$ 时，则 $-f(x) > 0$，此时 $-\int_a^b f(x)\mathrm{d}x$ 表示曲边梯形的面积，因此，$\int_a^b f(x)\mathrm{d}x$ 表示曲边梯形面积的相反数（如图 3-4 所示）。

3. 当 $f(x)$ 有时正有时负时，定积分 $\int_a^b f(x)\mathrm{d}x$ 表示曲边梯形的面积的代数和（如图 3-5 所示）。

单元能力训练 3-4

利用定积分的定义计算下列定积分。

(1) $\int_0^4 (2x+4)\mathrm{d}x$；　　　　　　(2) $\int_0^2 x^2\mathrm{d}x$ [提示：$\sum_{i=1}^{n}i^2 = \frac{1}{6}n(n+1)(2n+1)$]。

3.5　定积分的性质、牛顿-莱布尼茨公式

为方便定积分计算及应用，上一节已做如下规定。

(1) 当 $a = b$ 时，$\int_a^b f(x)\mathrm{d}x = 0$；

(2) 当 $a > b$ 时，$\int_a^b f(x)\mathrm{d}x = -\int_b^a f(x)\mathrm{d}x$。

一、定积分的性质

性质 1 函数和（差）的定积分等于它们的定积分的和（差）（假设这两个函数都可积），即

$$\int_a^b [f(x) \pm g(x)]dx = \int_a^b f(x)dx \pm \int_a^b g(x)dx 。$$

性质 2 被积函数的常数因子可以提到积分号外面，即

$$\int_a^b k f(x)dx = k\int_a^b f(x)dx （k 是常数）。$$

性质 3 如果将积分区间分成两部分，则在整个区间上的定积分等于这两个区间上定积分之和，即设 $a < c < b$，则

$$\int_a^b f(x)dx = \int_a^c f(x)dx + \int_c^b f(x)dx 。$$

注：无论 a, b, c 的相对位置如何，总有上述等式成立。

性质 4 如果在区间 $[a,b]$ 上，$f(x) \equiv 1$，则 $\int_a^b f(x)dx = \int_a^b dx = b - a$。

性质 5 如果在区间 $[a,b]$ 上，$f(x) \geqslant 0$，则

$$\int_a^b f(x)dx \geqslant 0 \quad (a < b) 。$$

推论 1 如果在 $[a,b]$ 上，$f(x) \leqslant g(x)$，则

$$\int_a^b f(x)dx \leqslant \int_a^b g(x)dx \quad (a < b) 。$$

推论 2 $\left| \int_a^b f(x)dx \right| \leqslant \int_a^b |f(x)|dx$。

性质 6 （积分估值定理）设 M 与 m 分别是函数 $f(x)$ 在 $[a,b]$ 上的最大值及最小值，则

$$m(b-a) \leqslant \int_a^b f(x)dx \leqslant M(b-a) \quad (a < b) 。$$

性质 7 （积分中值定理）如果函数 $f(x)$ 在闭区间 $[a,b]$ 上连续，则在积分区间 $[a,b]$ 上至少存在一点 ξ，使下式成立：

$$\int_a^b f(x)dx = f(\xi)(b-a) \quad (a \leqslant \xi \leqslant b)$$

证明从略。

显然无论 $a > b$，还是 $a < b$，上述等式恒成立。

积分中值定理的几何释义如下：在区间 $[a,b]$ 上至少存在一个 ξ，使得以区间 $[a,b]$ 为底边，以曲线 $y = f(x)$ 为曲边的曲边梯形的面积等于同一底边而高为 $f(\xi)$ 的一个矩形的面积（如图 3-6 所示）。

例 1 估计定积分 $\int_{-1}^1 e^{-x^2}dx$ 的值。

解 先求 $f(x) = e^{-x^2}$ 在 $[-1,1]$ 上的最大值和最小值。

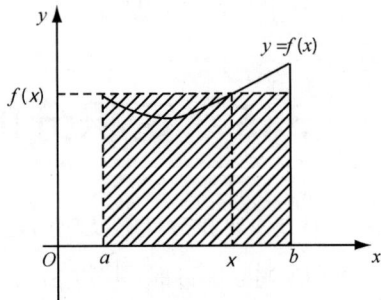

图 3-6

令 $f'(x) = -2xe^{-x^2} = 0$，得驻点 $x = 0$，

因为 $f(0) = 1$，$f(-1) = f(1) = \dfrac{1}{e}$，所以 $f(x)$ 的最大值 $M = 1$，最小值 $m = \dfrac{1}{e}$

由估值定理得，$\dfrac{2}{e} \leqslant \displaystyle\int_{-1}^{1} e^{-x^2} dx \leqslant 2$。

二、微积分基本公式

1. 变速直线运动中位置函数与速度函数之间的联系

设一物体做变速直线运动，物体在时间间隔 $[T_1, T_2]$ 内经过的路程可以用速度函数 $v(t)$ 在 $[T_1, T_2]$ 上的定积分来表达，即 $\displaystyle\int_{T_1}^{T_2} v(t) dt$ _____。

另一方面，这段路程可以通过位置函数 $S(t)$ 在区间 $[T_1, T_2]$ 的增量来表示，即 $S(T_2) - S(T)_1$。

故

$$\int_{T_1}^{T_2} v(t) dt = S(T_2) - S(T_1)。$$

注意到 $S'(t) = v(t)$，即 $S(t)$ 是 $v(t)$ 的原函数。一般地，有

2. 牛顿-莱布尼茨公式

定理 3.5.1　如果函数 $F(x)$ 是连续函数 $f(x)$ 在区间 $[a, b]$ 上的一个原函数，则

$$\int_a^b f(x) dx = F(b) - F(a)$$

为方便起见，把 $F(b) - F(a)$ 记作 $[F(x)]_a^b$

上述公式就是牛顿-莱布尼茨公式，也称作微积分基本公式。

注：牛顿-莱布尼茨公式是定积分计算的简便有效的方法，它可简述为，定积分的值等于其原函数在上、下限处函数值之差。

例 2　求定积分 $\displaystyle\int_0^1 x^2 dx$。

解　$\dfrac{x^3}{3}$ 是 x^2 的一个原函数，由牛顿-莱布尼茨公式可知

$$\int_0^1 x^2 dx = \left[\dfrac{x^3}{3}\right]_0^1 = \dfrac{1}{3}。$$

例 3　计算 $y = \sin x$ 在 $x = 0$，$x = \pi$ 之间与 x 轴所围成平面图形的面积。

解　$A = \displaystyle\int_0^\pi \sin x \, dx = -\cos x \Big|_0^\pi = 2$。

做中学：汽车以每小时 36 km 的速度行驶，到某处需要减速停车，设汽车以加速度 $a = -5 \, m/s^2$ 刹车，问从开始刹车到停车，汽车走了多少距离？

单元能力训练 3-5

1. 不计算积分直接比较下列各组积分值的大小。

  (1) $\int_0^1 x\,\mathrm{d}x$ 与 $\int_0^1 x^2\,\mathrm{d}x$ ；

  (2) $\int_2^4 x\,\mathrm{d}x$ 与 $\int_2^4 x^2\,\mathrm{d}x$ ；

  (3) $\int_0^1 \mathrm{e}^x\,\mathrm{d}x$ 与 $\int_0^1 \mathrm{e}^{x^2}\,\mathrm{d}x$ ；

  (4) $\int_{-\frac{\pi}{2}}^0 \sin x\,\mathrm{d}x$ 与 $\int_0^{\frac{\pi}{2}} \sin x\,\mathrm{d}x$ 。

2. 计算下列定积分：

  (1) $\int_0^1 \dfrac{1}{1+x^2}\,\mathrm{d}x$ ；

  (2) $\int_1^4 \sqrt{x}\,\mathrm{d}x$ ；

  (3) $\int_1^{\mathrm{e}} \dfrac{1}{x}\,\mathrm{d}x$ ；

  (4) $\int_{-\frac{\pi}{2}}^{\frac{\pi}{2}} \cos x\,\mathrm{d}x$ 。

3.6 定积分的换元积分法和分部积分法

一、换元法

设函数 $f(x)$ 在区间 $[a,b]$ 上连续,函数 $x=\varphi(t)$ 在区间 $[\alpha,\beta]$ 上单调且又连续可导,当 t 从 α 变到 β 时,$x=\varphi(t)$ 在 $[a,b]$ 上变化,且有 $\varphi(\alpha)=a,\varphi(\beta)=b$ 。则有 $\int_a^b f(x)\,\mathrm{d}x$ $=\int_{\alpha}^{\beta} f[\varphi(t)]\varphi'(t)\,\mathrm{d}t$ 。

证明从略。

例1 求 $\int_0^4 \dfrac{x+2}{\sqrt{2x+1}}\,\mathrm{d}x$ 。

解 令 $\sqrt{2x+1}=t$,即 $x=\dfrac{1}{2}(t^2-1)$,则

$$\int_0^4 \frac{x+2}{\sqrt{2x+1}}\,\mathrm{d}x = \int_1^3 \frac{t^2+3}{2t}\cdot t\,\mathrm{d}t = \frac{1}{2}\int_1^3 (t^2+3)\,\mathrm{d}t = \frac{1}{2}\left(\frac{1}{3}t^3+3t\right)\Big|_1^3 = \frac{22}{3} \text{。}$$

例2 证明:若函数 $f(x)$ 在 $[-a,a]$ 内为可积函数,且为偶函数,则 $\int_{-a}^a f(x)\,\mathrm{d}x =$ $2\int_0^a f(x)\,\mathrm{d}x$ 。

证 $\qquad \int_{-a}^a f(x)\,\mathrm{d}x = \int_{-a}^0 f(x)\,\mathrm{d}x + \int_0^a f(x)\,\mathrm{d}x$ $\qquad\qquad$ (1)

又在右端第一个积分 $\int_{-a}^0 f(x)\,\mathrm{d}x$ 中,作变量代换 $x=-t$,则

$$\int_{-a}^0 f(x)\,\mathrm{d}x = \int_a^0 f(-t)\,\mathrm{d}(-t) = -\int_a^0 f(t)\,\mathrm{d}t = \int_0^a f(t)\,\mathrm{d}t = \int_0^a f(x)\,\mathrm{d}x \qquad (2)$$

将(2)代入(1)得

$$\int_{-a}^a f(x)\,\mathrm{d}x = 2\int_0^a f(x)\,\mathrm{d}x \text{。}$$

做中学：　　证明：若 $f(x)$ 为 $[-a,a]$ 内的奇函数，则 $\int_{-a}^{a} f(x)\mathrm{d}x = 0$ 。

请学生仿照例 2 的方法证明，该两例的结果可以当作公式使用。

注：(1)在应用第一换元法(凑微分法)计算定积分时，若没有正式引入新变量，则积分限不应改变，请看下例：

例 3　求 $\int_{0}^{\frac{\pi}{2}} \cos^3 x \sin x \mathrm{d}x$ 。

解　$\int_{0}^{\frac{\pi}{2}} \cos^3 x \sin x\ \mathrm{d}x = -\int_{0}^{\frac{\pi}{2}} \cos^3 x\ \mathrm{d}\cos x = -\left.\frac{1}{4}\cos^4 x\right|_{0}^{\frac{\pi}{2}} = \frac{1}{4}$ 。

(2)在应用定积分的换元法时，要注意 $x = \varphi(t)$ 是否满足可积条件。例如：

在积分 $\int_{-1}^{1} \frac{1}{1+x^2}\mathrm{d}x$ 中，如果做代换 $x = \frac{1}{t}$ ，则有

$$\int_{-1}^{1} \frac{1}{1+x^2}\mathrm{d}x = \int_{-1}^{1} \frac{\left(\dfrac{-1}{t^2}\right)}{1+\dfrac{1}{t^2}}\mathrm{d}t = -\int_{-1}^{1} \frac{1}{1+t^2}\mathrm{d}t = -\int_{-1}^{1} \frac{1}{1+x^2}\mathrm{d}x$$

即 $2\int_{-1}^{1} \frac{1}{1+x^2}\mathrm{d}x = 0$ ，于是有 $\int_{-1}^{1} \frac{1}{1+x^2}\mathrm{d}x = 0$ 。

该结果显然是错误的。究其原因，当 $t \to 0$ 时，$x \to \infty$，此时的 x 已经超出了 x 的变化范围 $[-1,1]$。

二、分部积分法

设函数 $u(x)$，$v(x)$ 在区间 (a,b) 上具有连续导数 $u'(x)$ 和 $v'(x)$，则有

$$\int_{a}^{b} uv' \mathrm{d}x = \left. uv\right|_{a}^{b} - \int_{a}^{b} v\ \mathrm{d}u\ \text{或}\ \int_{a}^{b} u\ \mathrm{d}v = \left. uv\right|_{a}^{b} - \int_{a}^{b} v\ \mathrm{d}u$$

称上式为定积分的分部积分公式。

使用分部积分公式的基本要求是：(1)其右式中的积分 $\int_{a}^{b} v\ \mathrm{d}u$ 应比所求的积分 $\int_{a}^{b} u\ \mathrm{d}v$ 容易求得；(2)其右式中的积分 $\int_{a}^{b} v\ \mathrm{d}u$ 会出现与所求的 $\int_{a}^{b} u\ \mathrm{d}v$ 相同的积分(循环积分)，将含该相同积分的项移到左式合并后，从而求出结果。具体计算步骤也和求不定积分的分部积分法相同，这里不再重复。

例 4　求 $\int_{0}^{1} x\ln(1+x)\mathrm{d}x$ 。

解　$\int_{0}^{1} x\ln(1+x)\mathrm{d}x = \frac{1}{2}\int_{0}^{1} \ln(1+x)\mathrm{d}x^2 = \frac{1}{2}x^2\ln(1+x)\Big|_{0}^{1} - \frac{1}{2}\int_{0}^{1} \frac{x^2}{1+x}\mathrm{d}x$

$\qquad = \frac{1}{2}\ln 2 - \frac{1}{2}\int_{0}^{1}\left(x-1+\frac{1}{1+x}\right)\mathrm{d}x = \frac{1}{2}\ln 2 - \frac{1}{2}\left[\frac{1}{2}x^2 - x + \ln(1+x)\right]\Big|_{0}^{1}$

$\qquad = \frac{1}{2}\ln 2 - \frac{1}{2}\left(\frac{1}{2} - 1 + \ln 2\right)$

$\qquad = \frac{1}{4}$ 。

例 5 求 $\displaystyle\int_1^e \ln x \, \mathrm{d}x$ 。

解 $\displaystyle\int_1^e \ln x \, \mathrm{d}x = x\ln x \Big|_1^e - \int_1^e x \cdot \frac{1}{x}\mathrm{d}x = e - x \Big|_1^e = 1$ 。

单元能力训练 3-6

1. 求下列定积分。

(1) $\displaystyle\int_{\frac{1}{\sqrt{3}}}^{\sqrt{3}} \frac{1}{1+x^2}\mathrm{d}x$ ；

(2) $\displaystyle\int_0^1 \frac{1}{\sqrt{4-x^2}}\mathrm{d}x$ ；

(3) $\displaystyle\int_0^1 \frac{1}{9x^2+6x+1}\mathrm{d}x$ ；

(4) $\displaystyle\int_0^{\frac{\pi}{2}} \sin\varphi\cos^3\varphi \, \mathrm{d}\varphi$ ；

(5) $\displaystyle\int_0^{\pi} (1-\sin^3\theta)\mathrm{d}\theta$ ；

(6) $\displaystyle\int_0^2 |1-x| \, \mathrm{d}x$ ；

(7) $\displaystyle\int_{-1}^1 \frac{\mathrm{e}^x}{1+\mathrm{e}^x}\mathrm{d}x$ ；

(8) $\displaystyle\int_0^{\frac{\pi}{4}} \tan^2 x \, \mathrm{d}x$ 。

2. 用定积分的换元法计算下列各积分。

(1) $\displaystyle\int_0^4 \frac{\mathrm{d}x}{1+\sqrt{x}}$ ；

(2) $\displaystyle\int_0^1 \frac{x^2}{(1+x^2)^3}\mathrm{d}x$ ；

(3) $\displaystyle\int_0^2 \frac{1}{\sqrt{1+x}+\sqrt{(1+x)^3}}\mathrm{d}x$ ；

(4) $\displaystyle\int_{-2}^{-1} \frac{\mathrm{d}x}{x\sqrt{x^2-1}}$ ；

(5) $\displaystyle\int_0^a x^2\sqrt{a^2-x^2}\mathrm{d}x$ ；

(6) $\displaystyle\int_1^2 \frac{\sqrt{x^2-1}}{x}\mathrm{d}x$ 。

3. 用定积分的分部积分法求下列积分。

(1) $\displaystyle\int_0^{e-1} \ln(x+1)\mathrm{d}x$ ；

(2) $\displaystyle\int_0^{\frac{\sqrt{3}}{2}} \arccos x \, \mathrm{d}x$ ；

(3) $\displaystyle\int_0^1 x \, \mathrm{e}^{-x}\mathrm{d}x$ ；

(4) $\displaystyle\int_{\frac{\pi}{4}}^{\frac{\pi}{3}} \frac{x}{\sin^2 x}\mathrm{d}x$ ；

(5) $\displaystyle\int_0^{2\pi} \mathrm{e}^{2x}\cos x \, \mathrm{d}x$ ；

(6) $\displaystyle\int_0^{\frac{\pi}{8}} x\sin x\cos x\cos 2x \, \mathrm{d}x$ 。

4. 若函数 $f(x)$ 在区间 $[0,1]$ 内连续，证明

$$\int_0^{\frac{\pi}{2}} f(\sin x)\mathrm{d}x = \int_0^{\frac{\pi}{2}} f(\cos x)\mathrm{d}x 。$$

3.7 无穷区间上的广义积分

前面所讨论的定积分是可积函数在有限区间 $[a,b]$ 上求积分。在概率论和其他一些实际问题中，通常需要讨论无限区间上的积分。为此，我们将定积分的概念推广到无限区间，形成了无限区间上的广义积分。

定义 3.7.1 设函数 $f(x)$ 在区间 $[a,+\infty)$ 上连续，取 $b>a$ 。如果极限 $\displaystyle\lim_{b\to+\infty}\int_a^b f(x)\mathrm{d}x$ 存在，则称此极限为函数 $f(x)$ 在区间 $[a,+\infty)$ 上的广义积分，记作 $\displaystyle\int_a^{+\infty} f(x)\mathrm{d}x$ ，即

$$\int_a^{+\infty} f(x)\mathrm{d}x = \lim_{b\to+\infty}\int_a^b f(x)\mathrm{d}x \tag{1}$$

这时也称广义积分 $\displaystyle\int_a^{+\infty} f(x)\mathrm{d}x$ 存在或收敛；

如果上述极限不存在，函数 $f(x)$ 在无穷区间 $[a,+\infty)$ 上的广义积分 $\lim\limits_{b\to+\infty}\int_a^b f(x)\mathrm{d}x$ 就没有意义，称广义积分 $\int_a^{+\infty} f(x)\mathrm{d}x$ 发散。

设 $F(x)$ 是 $f(x)$ 的一个原函数，(1)式可写成

$$\int_a^{+\infty} f(x)\mathrm{d}x = \lim_{b\to+\infty}\int_a^b f(x)\mathrm{d}x = \lim_{b\to+\infty}\left[F(b)-F(a)\right] = F(+\infty)-F(a) = F(x)\Big|_a^{+\infty},$$

其中，$F(+\infty) = \lim\limits_{b\to+\infty} F(b)$ 。

类似的，设函数 $f(x)$ 在区间 $(-\infty,b]$ 上连续，取 $a<b$ 。如果极限 $\lim\limits_{a\to-\infty}\int_a^b f(x)\mathrm{d}x$ 存在，则称此极限为函数 $f(x)$ 在区间 $(-\infty,b]$ 上的广义积分，记作 $\int_{-\infty}^b f(x)\mathrm{d}x$ ，即

$$\int_{-\infty}^b f(x)\mathrm{d}x = \lim_{a\to-\infty}\int_a^b f(x)\mathrm{d}x \tag{2}$$

这时也称广义积分 $\int_{-\infty}^b f(x)\mathrm{d}x$ 收敛；如果上述极限不存在，就称广义积分 $\int_{-\infty}^b f(x)\mathrm{d}x$ 发散。

设函数 $f(x)$ 在区间 $(-\infty,+\infty)$ 上连续，如果广义积分

$$\int_{-\infty}^0 f(x)\mathrm{d}x \text{ 和 } \int_0^{+\infty} f(x)\mathrm{d}x$$

都收敛，则称上述两广义积分之和为函数 $f(x)$ 在区间 $(-\infty,+\infty)$ 上的广义积分，记作 $\int_{-\infty}^{+\infty} f(x)\mathrm{d}x$ ，即

$$\int_{-\infty}^{+\infty} f(x)\mathrm{d}x = \int_{-\infty}^0 f(x)\mathrm{d}x + \int_0^{+\infty} f(x)\mathrm{d}x = \lim_{a\to-\infty}\int_a^0 f(x)\mathrm{d}x + \lim_{b\to+\infty}\int_0^b f(x)\mathrm{d}x \tag{3}$$

这时也称广义积分 $\int_{-\infty}^{+\infty} f(x)\mathrm{d}x$ 收敛；否则就称广义积分 $\int_{-\infty}^{+\infty} f(x)\mathrm{d}x$ 发散。

(1)、(2)、(3)定义的广义积分统称为无穷区间上的广义积分。在计算时，可使用牛顿-莱布尼茨公式，只是注意符号 $F(+\infty)$、$F(-\infty)$ 的含义是相应的极限。

比较判别法　设函数 $f(x)$，$g(x)$ 在 $[a,+\infty)$ 上连续，且有 $0\leqslant f(x\leqslant g(x)$，若 $\int_a^{+\infty} g(x)\mathrm{d}x$ 收敛，则 $\int_a^{+\infty} f(x)\mathrm{d}x$ 收敛；若 $\int_a^{+\infty} f(x)\mathrm{d}x$ 发散，则 $\int_a^{+\infty} g(x)\mathrm{d}x$ 发散。

例 1　计算广义积分 $\int_{-\infty}^{+\infty}\dfrac{1}{1+x^2}\mathrm{d}x$ 。

解　$\displaystyle\int_{-\infty}^{+\infty}\dfrac{1}{1+x^2}\mathrm{d}x = \int_{-\infty}^0\dfrac{1}{1+x^2}\mathrm{d}x + \int_0^{+\infty}\dfrac{1}{1+x^2}\mathrm{d}x$

$\qquad\qquad = \lim\limits_{a\to-\infty}\int_a^0\dfrac{1}{1+x^2}\mathrm{d}x + \lim\limits_{b\to+\infty}\int_0^b\dfrac{1}{1+x^2}\mathrm{d}x$

$\qquad\qquad = \lim\limits_{a\to-\infty}\left[\arctan x\right]_a^0 + \lim\limits_{b\to+\infty}\left[\arctan x\right]_0^b = 0-\left(-\dfrac{\pi}{2}\right)+\dfrac{\pi}{2}-0 = \pi$ 。

例 2　证明：概率积分 $\int_0^{+\infty}\mathrm{e}^{-x^2}\mathrm{d}x$ 收敛。

证　由定积分的可加性得

$$\int_0^{+\infty}\mathrm{e}^{-x^2}\mathrm{d}x = \int_0^1\mathrm{e}^{-x^2}\mathrm{d}x + \int_1^{+\infty}\mathrm{e}^{-x^2}\mathrm{d}x,$$

显然，积分 $\int_0^1 \mathrm{e}^{-x^2}\mathrm{d}x$ 存在，

当 $x \geqslant 1$ 时，有 $\mathrm{e}^{-x^2} \leqslant \mathrm{e}^{-x}$，而

$$\int_1^{+\infty} \mathrm{e}^{-x}\mathrm{d}x = \lim_{b \to +\infty}\int_1^b \mathrm{e}^{-x}\mathrm{d}x = \lim_{b \to +\infty}(-\mathrm{e}^{-x})\Big|_1^b = \lim_{b \to +\infty}\left(\frac{1}{\mathrm{e}} - \frac{1}{\mathrm{e}^b}\right) = \frac{1}{\mathrm{e}},$$

即积分 $\int_1^{+\infty} \mathrm{e}^{-x}\mathrm{d}x$ 收敛，故由比较判别法知：$\int_1^{+\infty} \mathrm{e}^{-x^2}\mathrm{d}x$ 也收敛，

于是得广义积分 $\int_0^{+\infty} \mathrm{e}^{-x^2}\mathrm{d}x$ 收敛。

做中学： 求 $\int_0^{+\infty} \mathrm{e}^x\mathrm{d}x$ 。

通过前面的讨论可知，无论是求定积分还是求广义积分，关键是找到被积函数的一个原函数。关于如何有效地求出一个函数的原函数在不定积分中已讨论过。

单元能力训练 3-7

计算下列广义积分。

(1) $\int_1^{+\infty} \frac{1}{x^2}\mathrm{d}x$ ；

(2) $\int_1^{+\infty} \frac{1}{1+x^2}\mathrm{d}x$ ；

(3) $\int_0^{+\infty} \mathrm{e}^{2x}\mathrm{d}x$ ；

(4) $\int_2^{+\infty} \frac{1}{x(\ln x)^k}\mathrm{d}x (k > 1)$ 。

3.8 定积分的应用

一、平面图形的面积（以直角坐标的情形为例）

由曲线 $y = f(x)(f(x) \geqslant 0)$ 及直线 $x = a$ 与 $x = b(a < b)$ 与 x 轴所围成的曲边梯形面积 A（如图 3-7 所示）。

$A = \int_a^b f(x)\mathrm{d}x$ 其中：$f(x)\mathrm{d}x$ 为面积元素。

由曲线 $y = f(x)$ 与 $y = g(x)$ 及直线 $x = a$ ，$x = b$ （$a < b$）且 $f(x) \geqslant g(x)$ 所围成的图形面积 A 。

$A = \int_a^b f(x)\mathrm{d}x - \int_a^b g(x)\mathrm{d}x = \int_a^b [f(x) - g(x)]\mathrm{d}x$

其中：$[f(x) - g(x)]\mathrm{d}x$ 为面积元素（如图 3-8 所示）。

例 1 求由曲线 $y^2 = x$，$y = x^2$ 所围成图形的面积。

解 解方程组 $\begin{cases} y^2 = x \\ y = x^2 \end{cases}$ 得交点的横坐标 $x_1 = 0$，$x_2 = 1$ ，

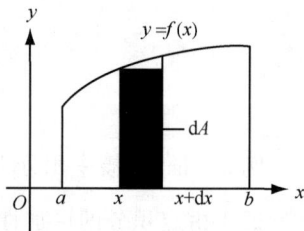

取 x 为积分变量，图形在 x 轴上的投影区间 $[0,1]$ 作为积分区间，所求面积为

图 3-7

$$S = \int_0^1 (\sqrt{x} - x^2)\,\mathrm{d}x = \left[\frac{2}{3}x^{\frac{3}{2}} - \frac{1}{3}x^3\right]_0^1 = \frac{1}{3} \text{。}$$

例 2　求椭圆 $\dfrac{x^2}{a^2} + \dfrac{y^2}{b^2} = 1$ 所围成的面积 $(a>0, b>0)$。

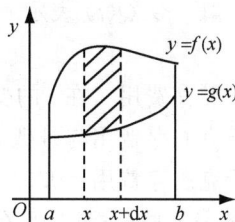

图 3-8

解　根据椭圆图形的对称性,整个椭圆面积应为位于第一象限内面积的 4 倍(如图 3-9 所示)。

取 x 为积分变量,则 $0 \leqslant x \leqslant a, y = b\sqrt{1 - \dfrac{x^2}{a^2}}, \mathrm{d}A = y\mathrm{d}x = b$

$\sqrt{1 - \dfrac{x^2}{a^2}}\mathrm{d}x$,故

$$A = 4\int_0^a y\mathrm{d}x = 4\int_0^a b\sqrt{1 - \frac{x^2}{a^2}}\mathrm{d}x \qquad (1)$$

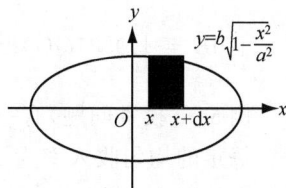

图 3-9

做变量替换　$x = a\cos t$　$\left(0 \leqslant t \leqslant \dfrac{\pi}{2}\right)$,则 $y = b\sqrt{1 - \dfrac{x^2}{a^2}} = b\sin t$,$\mathrm{d}x = -a\sin t\mathrm{d}t$。

$$A = 4\int_{\frac{\pi}{2}}^0 (b\sin t)(-a\sin t)\mathrm{d}t = -4ab\int_{\frac{\pi}{2}}^0 \sin^2 t\,\mathrm{d}t = -4ab\int_{\frac{\pi}{2}}^0 \frac{1 - \cos 2t}{2}\mathrm{d}t = $$

$$-2ab\left(t - \frac{1}{2}\sin 2t\right)\Big|_{\frac{\pi}{2}}^0 = \pi ab \text{。}$$

二、经济应用问题举例

例 3　经济问题教学案例。

解　已知 $Q'(p) = f(p)$,即 $\mathrm{d}Q = f(p)\mathrm{d}p$
所以,价格由 1.20 元浮动到 1.50 元时,总需求量为

$$Q = \int_{1.2}^{1.5} f(p)\mathrm{d}p = \int_{1.2}^{1.5} (-3000p^{-2.5} + 36p^{0.2})\mathrm{d}p$$

$$= (2000p^{1.5} + 30p^{1.2})\Big|_{1.2}^{1.5} \approx 1137.5 - 1558.8$$

$$= -421.3 \text{(单位)}$$

即当价格由 1.20 浮动到 1.50 时,该产品的市场需求量减少了 421.3 单位。

做中学:
> 设某产品的生产是连续进行的,总产量 Q 是时间 t 的函数,如果总产量变化率为 $Q'(t) = \dfrac{324}{t^2}\mathrm{e}^{-\frac{9}{t}}$ (单位:吨/日),求投产后从 $t=3$ 到 $t=30$ 这 27 天的总产量。

例 4　(贮存费用)某物流公司在仓库贮存了 20000kg 小麦,这批小麦以常量每月 2500kg 运走,要用 8 个月的时间. 如果贮存费是每月每千克 0.01 元,8 个月之后物流公司应向仓库方支付贮存费用多少元?

解　令 $Q(t)$ 表示 t 个月后贮存小麦的千克数，则

$$Q(t) = 20000 - 2500t$$

先求贮存费用。在 t 的变化区间 $[0,8]$ 内取微小区间 $[t,t+dt]$，每千克贮存费用等于每月每千克贮存费用与月数 dt 的乘积，即

每千克贮存费用 $=0.01dt$，

设 E 表示贮存费用，则在区间 $[t,t+dt]$ 上贮存费用的近似值为：

$$dE = Q(t) \times 0.01dt,$$

于是所求贮存费用：

$$E = \int_0^8 dE = \int_0^8 0.01 Q(t) dt = \int_0^8 0.01 \times (20000 - 2500t) dt = 800 \text{ 元}。$$

例 5　（投资问题）有一个大型投资项目，投资成本为 $A = 10000$（万元），投资年利率为 5%，每年的均匀收入率为 $a = 2000$（万元），求该投资为无限期时的纯收入的贴现值（或称为投资的资本价值）。

解　由已知条件收入率为 $a = 2000$（万元），年利率为 $r = 5\%$，

故无限期的投资的总收入的贴现值是

$$S = \int_0^{+\infty} ae^{-rt} dt = \int_0^{+\infty} 2000e^{-0.05t} dt = \lim_{c \to +\infty} \int_0^c 2000e^{-0.05t} dt = \lim_{c \to +\infty} \frac{2000}{0.05}[1 - e^{-0.05c}]$$

$$= 2\,000 \times \frac{1}{0.05} = 40000（万元）$$

于是投资无限期时的纯收入贴现值为

$$R = S - A = 40000 - 10000 = 30000 （万元） = 3（亿元），$$

即投资为无限期时的纯收入的贴现值为 3 亿元。

单元能力训练 3-8

1. 求下列各平面图形的面积：

   (1) 曲线 $y = 1 - x^2$ 与 x 轴所围成的图形；

   (2) 曲线 $y = x^2$ 与直线 $x = -1$，$x = 1$ 及 x 轴所围成的图形；

   (3) 曲线 $y = x^2$ 与 $y = 2 - x^2$ 所围成的图形；

   (4) 曲线 $y = \dfrac{1}{x}$ 与直线 $y = x$，$x = 2$ 所围成的图形。

2. 某产品在时刻 t 的总产量的变化率为 $f(t) = 100 + 12t - 0.6t^2$（单位/小时），求从 $t = 2$ 到 $t = 4$ 这两小时内的总产量。

3. 某产品生产 x 个单位时的边际收入 $R'(x) = 200 - \dfrac{x}{100}（x \geqslant 0）$，

   (1) 求生产了 50 个单位时的总收入；

   (2) 如果已生产了 100 个单位，求再生产 100 个单位时的总收入。

4. 某产品的边际成本 $C'(x) = 1$，边际收入 $R'(x) = 5 - x$（产量 x 的单位为百台）。求：

   (1) 产量等于多少时，总利润最大？

   (2) 从利润最大的产量上又生产了 100 台，总利润减少了多少？

数学实验二

用 MATLAB 求积分

1. 命令格式

命令	功能
int(f,v,a,b)	计算定积分 $\int_a^b f(v)\mathrm{d}v$
int(f,a,b)	计算关于默认变量的定积分
int(f,v)	计算不定积分 $\int f(v)\mathrm{d}v$
int(f)	计算关于默认变量的不定积分

2. 例题:计算下列函数的积分

(1) $I = \int \dfrac{x^2+1}{(x^2-2x+2)^2}\mathrm{d}x$

≫syms x;f=(x^2+1)/(x^2-2*x+2)^2;

≫I=int(f,x)

I=

1/4 * (2 * x−6)/(x^2−2 * x+2)+3/2 * atan(x−1)

(2) $K = \int_0^{+\infty} \mathrm{e}^{-x^2}\mathrm{d}x$

≫syms x;

≫K=int(exp(−x^2),x,0,inf)

K =

1/2 * pi^(1/2)

(3) $J = \int_1^2 \dfrac{\sqrt{x^2-1}}{x}\mathrm{d}x$

≫syms x;

≫J=int(sqrt(x^2−1)/x,x,1,2)

J =

3^(1/2)−1/3 * pi

第二篇

常微分方程

第四章

常微分方程

　　微分方程是数学的重要分支,大致和微积分同时产生,并随实际需要而发展。含有自变量、未知函数和其微商的方程称为常微分方程。它的研究来源极广,历史久远。

　　力学、天文学、几何学等领域的许多问题都导致了微分方程的产生。在当代,许多社会科学的问题也导致了微分方程,如人口发展模型、交通流模型等,因而微分方程的研究是与人类社会密切相关的。当初,数学家把精力集中放在求微分方程的通解上,后来证明这一般不可能,于是放弃了这一奢望,而转向定解问题、初值问题、边值问题、混合问题等。但是,即便是一阶常微分方程,初等解(化为积分形式)也被证明不可能,于是转向定量方法(数值计算)、定性方法,而这首先要解决解的存在性、唯一性等理论上的问题。

　　早期由于外弹道学的需要,以及40年代由于高速气动力学研究激波的需要,拟线性一阶双曲组的间断解的研究得到了重大发展,苏联和美国学者做出了贡献。

　　中华人民共和国建立后,微分方程得到了重视和发展,培养了许多优秀的微分方程的工作者,在常微分方程稳定性、极限环、结构稳定性等方面做出了很多成果。

经济问题教学案例

　　某商品的销售量 x 是价格 p 的函数,如果要使该商品的销售收入在价格变化的情况下保持不变,则销售量 x 对于价格 p 的关系满足怎样的微分方程? 在这种情况下,商品的需求量相对价格 p 的弹性是多少?

4.1　常微分方程的基本概念

　　定义 4.1.1　含有未知函数的导数或微分的方程叫微分方程。

　　未知函数是一元函数的微分方程叫常微分方程;未知函数是多元函数的微分方程叫偏微分方程。

　　如 $y' = 3xy, y'' - x + 2y = 3\sin x, (y^2 + 3x)\mathrm{d}y = x\mathrm{d}x$ 都是常微分方程;

　　$\dfrac{\partial z}{\partial x} = 2xy - yz, \dfrac{\partial^2 z}{\partial y^2} = 3x^2 + 4y$ 都是偏微分方程。

　　实质:建立自变量、未知函数和未知函数的导数(或微分)之间联系的关系式。

　　定义 4.1.2　微分方程中出现的未知函数的最高阶导数的阶数称为微分方程的阶。

　　如一阶微分方程 $F(x, y, y') = 0, y' = f(x, y)$。

　　高阶微分方程 ($n \geqslant 2$) $F(x, y, y', \cdots, y^{(n)}) = 0, y^{(n)} = f(x, y, y', \cdots, y^{(n-1)})$。

　　定义 4.1.3　设 $y = \varphi(x)$ 在区间 I 上有 n 阶导数,若 $F(x, \varphi(x), \varphi'(x), \cdots, \varphi^{(n)}(x))$

$= 0$ 则称 $y = \varphi(x)(x \in I)$ 为方程 $F\left(x, y, \dfrac{\mathrm{d}y}{\mathrm{d}x}, \cdots, \dfrac{\mathrm{d}^n y}{\mathrm{d}x^n}\right) = 0$ 的解。

通解：微分方程的解中含有任意常数，且任意常数的个数与微分方程的阶数相同，这些常数之间没有任何联系。

如 $y' = y$ 的通解为 $y = Ce^x$。

$y'' + y = 0$ 通解为 $y = C_1 \sin x + C_2 \cos x$。

定义 4.1.4　不含有任意常数的解，称为微分方程的特解。

定义 4.1.5　求微分方程满足初始条件的解的问题，称为初值问题。

定义 4.1.6　在一个微分方程中，如果关于未知函数以及导数都是线性的（即一次的）则称该微分方程为线性微分方程；否则称为非线性微分方程。

如 $\dfrac{\mathrm{d}Q}{\mathrm{d}p} = 0.02p$，$s'' = g$ 都是线性微分方程。而方程 $\dfrac{\mathrm{d}^2\varphi}{\mathrm{d}t^2} + \dfrac{g}{l}\sin\varphi = 0$ 关于未知函数 φ 不是线性的，$\dfrac{\mathrm{d}^2 y}{\mathrm{d}x^2} + x\dfrac{\mathrm{d}y}{\mathrm{d}x} + y^2 = 0$ 关于未知函数 y 也不是线性的。

> **做中学：**　验证 $y = C_1 e^x + C_2 e^{-x}$ 是微分方程 $y'' - y = 0$ 的通解。

本节主要介绍微分方程的有关基本概念，为后面的学习做准备，请同学们注意理解和应用。

单元能力训练 4-1

1. 指出下列微分方程的阶数。

    (1) $y' = y^2 + x^3$ ；
    (2) $y^3 y^{(2)} + 1 = 0$ ；

    (3) $(y')^2 = 4$ ；
    (4) $y^{(4)} - 2y^{(3)} + y^{(2)} = 0$。

2. 验证给出的函数是否为相应微分方程的解。

    (1) $y^{(2)} = y^2 + x^2, y = \dfrac{1}{x}$ ；
    (2) $xy' - y\ln y = 0, y = e^x$ 。

3. 试验证函数 $y = \dfrac{C^2 - x^2}{2x}$ 是否为微分方程 $(x + y)\mathrm{d}x + x\,\mathrm{d}y = 0$ 的解。

4.2　一阶微分方程

一、变量可分离方程

定义 4.2.1　形如

$\dfrac{\mathrm{d}y}{\mathrm{d}x} = f(x)g(y)$ 的方程，称为变量可分离方程。

求解变量可分离方程的步骤为：

(1)将方程分离变量得

$$\frac{\mathrm{d}y}{g(y)} = f(x)\mathrm{d}x;$$

（2）等式两端求积分，得通解

$$\int \frac{\mathrm{d}y}{g(y)} = \int f(x)\mathrm{d}x + C。$$

例 1 求解方程 $\dfrac{\mathrm{d}y}{\mathrm{d}x} = \dfrac{y}{x}$。

解 把方程分离变量为

$$\frac{\mathrm{d}y}{y} = \frac{\mathrm{d}x}{x},$$

两端积分得

$$\int \frac{\mathrm{d}y}{y} = \int \frac{\mathrm{d}x}{x},$$

$$\ln|y| = \ln|x| + C_1,$$

所以

$$y = Cx。$$

例 2 求解方程 $y' + xy = 0$ 的通解。

解 把方程变形为 $\dfrac{\mathrm{d}y}{\mathrm{d}x} = -xy$，

分离变量得 $\dfrac{\mathrm{d}y}{y} = -x\,\mathrm{d}x$，

等式两端积分得 $\displaystyle\int \frac{\mathrm{d}y}{y} = -\int x\,\mathrm{d}x$，

积分得 $\ln|y| = -\dfrac{1}{2}x^2 + C$，

进一步化简得方程的通解 $y = C_1 \mathrm{e}^{-\frac{1}{2}x^2}$。

例 3 求微分方程 $\dfrac{\mathrm{d}y}{\mathrm{d}x} = y(y-1)$ 满足 $y(0) = 1$ 的特解。

解 分离变量，再积分得

$$\int \frac{\mathrm{d}y}{y(y-1)} = \int \mathrm{d}x,$$

积分后得通解 $\dfrac{y-1}{y} = C\mathrm{e}^x$。

把初始条件 $y(0) = 1$ 代入上述通解得 $C = 0$，
所求解为 $y = 1$。

二、一阶线性微分方程

定义 4.2.2 形如

$$\frac{\mathrm{d}y}{\mathrm{d}x} + p(x)y = q(x) \tag{4-1}$$

的方程称为一阶线性微分方程或一阶线性方程，其中 $p(x)$ 和 $q(x)$ 是已知函数。

如果 $q(x) \equiv 0$，即 $\dfrac{\mathrm{d}y}{\mathrm{d}x} + p(x)y = 0$，则称其为一阶齐次线性方程。

如果 $q(x)$ 不恒为零，则（4-1）为一阶非齐次线性方程。

一阶线性方程的求解一般采用常数变易法，步骤如下：

(1)求一阶齐次线性方程的通解

$$\frac{\mathrm{d}y}{\mathrm{d}x} + p(x)y = 0$$

将它分离变量得 $\dfrac{\mathrm{d}y}{y} = -p(x)\mathrm{d}x$，

两边取积分，得 $\ln|y| = -\displaystyle\int p(x)\mathrm{d}x + C_1$，

其中 C_1 为任意常数。因此一阶齐次方程的通解为

$$y = Ce^{-\int p(x)\mathrm{d}x} \tag{4-2}$$

其中 C 为任意常数。

(2)求一阶非齐次线性方程的通解

为了找出非齐次线性方程的一个特解，我们利用常数变易法，将(4-2)中的常数 C 换为待定函数 $C(x)$，即设方程(4-1)的一个解为

$$y = C(x)e^{-\int p(x)\mathrm{d}x},$$

代入(4-1)则有

$$C'(x)e^{-\int p(x)\mathrm{d}x} - p(x)C(x)e^{-\int p(x)\mathrm{d}x} + p(x)C(x)e^{-\int p(x)\mathrm{d}x} = q(x),$$

即 $C'(x) = q(x)e^{\int p(x)\mathrm{d}x}$，

因此可得 $C(x) = \displaystyle\int q(x)e^{\int p(x)\mathrm{d}x}\mathrm{d}x + C$。

于是(4-1)的通解公式为

$$y = e^{-\int p(x)\mathrm{d}x}\left(\int q(x)e^{\int p(x)\mathrm{d}x}\mathrm{d}x + C\right)。$$

在求解具体方程时，可记忆通解公式，也可按常数变易法的步骤来求解。

例 4 求微分方程 $\dfrac{\mathrm{d}y}{\mathrm{d}x} - 4xy = x^2 e^{2x^2}$ 的通解。

解 因 $p(x) = -4x, q(x) = x^2 e^{2x^2}$，

所以通解为 $y = e^{\int 4x\,\mathrm{d}x}\left(\displaystyle\int x^2 e^{2x^2}e^{-\int 4x\,\mathrm{d}x}\mathrm{d}x + C\right)$

$$= e^{2x^2}\left(\int x^2 e^{2x^2}e^{-2x^2}\mathrm{d}x + C\right)$$

$$= e^{2x^2}\left(\int x^2\mathrm{d}x + C\right)$$

$$= e^{2x^2}\left(\frac{x^3}{3} + C\right)。$$

例 5 求微分方程 $\dfrac{\mathrm{d}y}{\mathrm{d}x} + y = e^{-x}$ 的通解。

解 因 $p(x) = 1, q(x) = e^{-x}$，

所以通解为 $y = e^{-\int \mathrm{d}x}\left(\displaystyle\int e^{-x}e^{\int \mathrm{d}x}\mathrm{d}x + C\right)$

$$= e^{-x}\left(\int e^{-x}e^{x}\mathrm{d}x + C\right)$$

$$= e^{-x}(x + C)。$$

例 6　求微分方程 $\dfrac{\mathrm{d}y}{\mathrm{d}x} + 2xy = x\mathrm{e}^{-x^2}$ 满足条件 $y(0) = 1$ 的特解。

解　因 $p(x) = 2x, q(x) = x\mathrm{e}^{-x^2}$,

所以通解为 $y = \mathrm{e}^{-\int 2x\,\mathrm{d}x}\left(\displaystyle\int x\mathrm{e}^{-x^2}\mathrm{e}^{\int 2x\,\mathrm{d}x}\,\mathrm{d}x + C\right)$

$$= \mathrm{e}^{-x^2}\left(\int x\mathrm{e}^{-x^2}\mathrm{e}^{x^2}\,\mathrm{d}x + C\right)$$

$$= \mathrm{e}^{-x^2}\left(\int x\,\mathrm{d}x + C\right)$$

$$= \mathrm{e}^{-x^2}\left(\frac{x^2}{2} + C\right),$$

因为 $y(0) = 1$,所以 $C = 1$,于是得到方程的特解为

$$y = \left(\frac{x^2}{2} + 1\right)\mathrm{e}^{-x^2}。$$

单元能力训练 4-2

1. 求下列微分方程的通解。

　　(1) $\dfrac{\mathrm{d}y}{\mathrm{d}x} = 2^{x+y}$;　　　　　　　　　　　　(2) $y\,\mathrm{d}y = x\,\mathrm{d}x$ 。

2. 求下列方程满足给定初始条件的特解。

　　(1) $(x^2 - 1)y' + 2xy^2 = 0, y(0) = 1$;　　　　(2) $\dfrac{\mathrm{d}y}{\mathrm{d}x} = \dfrac{-1 + y^2}{2}, y(0) = 0$ 。

3. 求下列微分方程的通解。

　　(1) $\dfrac{\mathrm{d}y}{\mathrm{d}x} + 2xy = 4x$;　　　　　　　　　(2) $\dfrac{\mathrm{d}y}{\mathrm{d}x} - \dfrac{1}{x - 2}y = 2(x - 2)^2$;

　　(3) $\dfrac{\mathrm{d}y}{\mathrm{d}x} + y\tan x = \sec x$;　　　　　　　(4) $\dfrac{\mathrm{d}i}{\mathrm{d}t} - 6i = 10\sin 2t$ 。

4. 求下列微分方程满足初始条件的特解。

　　(1) $\dfrac{\mathrm{d}y}{\mathrm{d}x} + 3y = 8, y(0) = 2$;　　　　　　(2) $\dfrac{\mathrm{d}y}{\mathrm{d}x} + y = 2x, y(0) = 0$ 。

5. 求曲线,使其切线在纵轴上的截距等于切点的横坐标。

6. 已知细菌增长的速度与当前数量成正比。1 小时后,观测到有 1000 个细菌;4 小时后,有 3000 个。求最初有多少细菌?

7. 若利息以复利计算,问利息是多少才能使最初的存款在六年内增加 1 倍?

4.3　二阶常系数线性微分方程

一、二阶常系数齐次线性微分方程的求解

定义 4.3.1　形如

$$\frac{\mathrm{d}^2 y}{\mathrm{d}x^2} + p\frac{\mathrm{d}y}{\mathrm{d}x} + qy = f(x) \tag{4-3}$$

的微分方程称为二阶常系数线性微分方程。当 $f(x) \equiv 0$ 时，方程变为

$$\frac{\mathrm{d}^2 y}{\mathrm{d}x^2} + p\frac{\mathrm{d}y}{\mathrm{d}x} + qy = 0 \qquad\qquad (4\text{-}4)$$

这样的方程称为二阶常系数齐次线性微分方程，其中 p, q 是常数。为求方程的解，介绍两个相关概念，即线性相关和线性无关。

若函数 $y_1(x)$ 和 $y_2(x)$ 之比为常数，称函数 $y_1(x)$ 和 $y_2(x)$ 是线性相关的；

若函数 $y_1(x)$ 和 $y_2(x)$ 之比不为常数，称函数 $y_1(x)$ 和 $y_2(x)$ 是线性无关的。

为了研究二阶常系数线性微分方程的解的结构，我们引入下面两个定理：

定理 4.3.1 若函数 $y_1(x)$ 和 $y_2(x)$ 是方程(4-4)的两个线性无关的解，则 $y = C_1 y_1(x) + C_2 y_2(x)$ 是方程(4-4)的通解，这里 C_1, C_2 是任意常数。

定理 4.3.2 设 $y*(x)$ 是方程(4-3)的一个特解，$\tilde{y}(x)$ 为方程(4-4)的通解，则 $y = y*(x) + \tilde{y}(x)$ 为方程(4-3)的通解。

我们先考虑二阶常系数齐次线性方程(4-4)的通解。观察方程(4-4)，由于 p, q 是实常数，所以方程中的 $y, \dfrac{\mathrm{d}y}{\mathrm{d}x}, \dfrac{\mathrm{d}^2 y}{\mathrm{d}x^2}$ 应具有相同的形式，而我们知道，指数函数求导后不改变其函数类型，因此我们猜测该方程有形如 $y = \mathrm{e}^{\lambda x}$ 的特解，将其代入方程，得

$$(\lambda^2 + p\lambda + q)\mathrm{e}^{\lambda x} = 0,$$

所以 λ 满足方程

$$\lambda^2 + p\lambda + q = 0 \qquad\qquad (4\text{-}5)$$

而

$$y = \mathrm{e}^{\lambda x}$$

就是方程(4-4)解。

方程(4-5)称为方程(4-4)特征方程，其根称为特征根。

下面分三种情况来讨论特征根：

(1)特征方程有两个不同实根 λ_1 和 λ_2，则齐次微分方程有两个线性无关的解 $y_1(x) = \mathrm{e}^{\lambda_1 x}$，$y_2(x) = \mathrm{e}^{\lambda_2 x}$，因此方程(4-4)的通解为

$$y = C_1 \mathrm{e}^{\lambda_1 x} + C_2 \mathrm{e}^{\lambda_2 x};$$

(2)特征方程有两个相等的实根 $\lambda = \lambda_1 = \lambda_2$，这时 $\lambda = -\dfrac{p}{2}$，且 $y_1(x) = \mathrm{e}^{\lambda x}$ 是方程(4-4)一个解，为了求(4-4)通解，我们可用常数变易法求它的一个与 $\mathrm{e}^{\lambda x}$ 线性无关的解。易求得 $y_2(x) = x\mathrm{e}^{\lambda x}$ 是方程(4-4)另一个解，从而方程(4-4)通解为

$$y = C_1 \mathrm{e}^{\lambda x} + C_2 x\mathrm{e}^{\lambda x} = (C_1 + C_2 x)\mathrm{e}^{\lambda x};$$

(3)特征方程有一对共轭复根 $\alpha \pm i\beta$，这时可验证方程(4-4)线性无关的解 $\mathrm{e}^{\alpha x}\sin\beta x$ 和 $\mathrm{e}^{\alpha x}\cos\beta x$，于是方程(4-4)解为

$$y = (C_1 \cos\beta x + C_2 \sin\beta x)\mathrm{e}^{\alpha x}。$$

例 1 求方程 $\dfrac{\mathrm{d}^2 y}{\mathrm{d}x^2} + 4\dfrac{\mathrm{d}y}{\mathrm{d}x} + 4y = 0$ 的通解。

解 特征方程为 $\lambda^2 + 4\lambda + 4 = 0$，

$\lambda_1 = \lambda_2 = -2$，故所求通解是

$$y = \mathrm{e}^{-2x}(C_1 + C_2 x)。$$

例 2 求微分方程 $\dfrac{\mathrm{d}^2 y}{\mathrm{d}x^2} - 2\dfrac{\mathrm{d}y}{\mathrm{d}x} + 5y = 0$ 的通解。

解 特征方程为 $\lambda^2 - 2\lambda + 5 = 0$,

所以 $\lambda_{1,2} = 1 \pm 2\mathrm{i}$,

故所求通解是 $y = (C_1\cos 2x + C_2\sin 2x)\mathrm{e}^x$ 。

例 3 求二阶齐次线性微分方程 $\dfrac{\mathrm{d}^2 y}{\mathrm{d}x^2} - 5\dfrac{\mathrm{d}y}{\mathrm{d}x} + 6y = 0$ 满足条件 $y(0) = 1, y'(0) = 2$ 的特解。

解 因为方程 $\dfrac{\mathrm{d}^2 y}{\mathrm{d}x^2} - 5\dfrac{\mathrm{d}y}{\mathrm{d}x} + 6y = 0$ 的特征方程 $\lambda^2 - 5\lambda + 6 = 0$ 有 2 个不同实根 2 和 3，所以齐次线性微分方程的通解是

$$y = C_1\mathrm{e}^{2x} + C_2\mathrm{e}^{3x},$$

由 $y(0) = 1, y'(0) = 2$ 可得 $C_1 = 1, C_2 = 0$ ，因此特解是 $y = \mathrm{e}^{2x}$ 。

二、二阶常系数非齐次线性微分方程的求解

由定理 4.3.2 我们已经知道：二阶非齐次线性微分方程的通解等于它的对应齐次方程的通解和它本身一个特解之和。在上一个问题中，我们已经掌握了齐次方程通解的求法，现在的问题归结到如何求非齐次方程的一个特解。本书我们只介绍用待定系数方法求形如

$$\frac{\mathrm{d}^2 y}{\mathrm{d}x^2} + p\frac{\mathrm{d}y}{\mathrm{d}x} + qy = P(x)\mathrm{e}^{\alpha x}$$

的二阶非齐次线性方程，其中 $P(x)$ 是多项式，α 是常数。结论如下：

它有形式为 $y^*(x) = x^k Q(x)\mathrm{e}^{\alpha x}$ 的特解，$Q(x)$ 是与 $P(x)$ 同次的待定多项式，且

$$k = \begin{cases} 0, & \alpha \text{ 不是特征方程的一个根} \\ 1, & \alpha \text{ 与特征方程的一个根相等} \\ 2, & \alpha \text{ 是特征方程的二重根} \end{cases}$$

例 4 求方程 $\dfrac{\mathrm{d}^2 y}{\mathrm{d}x^2} - y = \dfrac{1}{2}\mathrm{e}^x$ 的通解。

解 对应齐次方程的特征方程为

$$\lambda^2 - 1 = 0, \text{特征根是 } \lambda_{1,2} = \pm 1,$$

对应齐次方程的通解为 $\tilde{y} = C_1\mathrm{e}^x + C_2\mathrm{e}^{-x}$ ，

由于 $\alpha = 1$ 与一个特征根相等，故取 $k = 1$ ，则方程有形如

$$y^* = x^k Q(x)\mathrm{e}^{\alpha x} = xa\mathrm{e}^x$$

的特解。将它带入原方程得

$$2a\mathrm{e}^x + ax\mathrm{e}^x - ax\mathrm{e}^x = \frac{1}{2}\mathrm{e}^x,$$

从而 $a = \dfrac{1}{4}$ ，故 $y^* = \dfrac{1}{4}x\mathrm{e}^x$ ，由此得通解

$$y = C_1\mathrm{e}^x + C_2\mathrm{e}^{-x} + \frac{1}{4}x\mathrm{e}^x 。$$

例 5 求方程 $\dfrac{d^2 y}{dx^2} - 5\dfrac{dy}{dx} = -5x^2 + 2x$ 的通解。

解 所求方程可化为 $\dfrac{d^2 y}{dx^2} - 5\dfrac{dy}{dx} = (-5x^2 + 2x)e^{0x}$ 的形式

对应齐次方程的特征方程为

$$\lambda^2 - 5\lambda = 0, \lambda(\lambda - 5) = 0,$$

特征根为 $\lambda_1 = 0, \lambda_2 = 5$，齐次方程的通解为

$$\tilde{y} = C_1 + C_2 e^{5x},$$

由于 $\alpha = 0$ 与一个特征根相等，故已知非齐次方程有形如

$$y^* = x(ax^2 + bx + c)$$

的特解。将它代入已知方程，并比较 x 的同次幂系数，得

$$a = \frac{1}{3}, b = 0, c = 0,$$

故 $y^* = \dfrac{1}{3}x^3$。由此得通解

$$y = C_1 + C_2 e^{5x} + \frac{1}{3}x^3.$$

单元能力训练 4-3

1. 求下列微分方程的通解。

(1) $\dfrac{d^2 y}{dx^2} + \dfrac{dy}{dx} + 20y = 0$；　　(2) $\dfrac{d^2 y}{dx^2} - 6\dfrac{dy}{dx} + 9y = 0$；　　(3) $\dfrac{d^2 y}{dx^2} - 5\dfrac{dy}{dx} = 0$；

(4) $\dfrac{d^2 y}{dx^2} + \dfrac{dy}{dx} + y = 3e^{2x}$；　　(5) $\dfrac{d^2 y}{dx^2} - 8\dfrac{dy}{dx} + 7y = 3x^2 + 7x + 8$；

(6) $\dfrac{d^2 y}{dx^2} + 4y = 8$；　　(7) $\dfrac{d^2 y}{dx^2} + \dfrac{dy}{dx} = x$。

2. 求下列微分方程满足初始条件的特解。

(1) $\dfrac{d^2 y}{dx^2} - 3\dfrac{dy}{dx} + 2y = 0, y(0) = 2, y'(0) = -3$；

(2) $\dfrac{d^2 y}{dx^2} + \dfrac{dy}{dx} = 0, y(0) = 2, y'(0) = 5$。

4.4　一阶线性微分方程应用举例

微分方程来源于科学技术实践，它在经济工作中应用广泛，下面列举在经济工作中的相关实例。

一般情况下，这一过程分以下 3 个步骤。

1. 建立方程；

2. 求解方程；

3. 根据初始条件确定特解。

例 1　经济问题教学案例 。

解　由题意可得销售收入 $R(p) = px(p) = C$ 。

上式两边对 p 求导,得 $x(p) + px'(p) = 0$ 。

即 $\dfrac{\mathrm{d}x(p)}{\mathrm{d}p} = -\dfrac{x(p)}{p}$,

且 $\dfrac{Ex}{Ep} = \dfrac{p}{x} \cdot \dfrac{\mathrm{d}x}{\mathrm{d}p} = -\dfrac{p}{x} \cdot \dfrac{x}{p} = -1$,因此,商品的需求相对价格 p 的弹性是 -1 。

例 2　在商品销售预测中,时刻 t 时的销售量用 $x = x(t)$ 表示。如果商品销售的增长速度 $\dfrac{\mathrm{d}x(t)}{\mathrm{d}t}$ 正比于销售量 $x(t)$ 及与销售接近饱和水平的程度 $a - x(t)$ 之乘积(a 为饱和水平),求销售量函数 $x(t)$ 。

解　据题意,可建立微分方程 $\dfrac{\mathrm{d}x(t)}{\mathrm{d}t} = k\,x(t)[a - x(t)]$,

这里 k 为比例因子,分离变量得 $\dfrac{\mathrm{d}x(t)}{x(t)[a - x(t)]} = k\,\mathrm{d}t$,

等式变形为 $\left[\dfrac{1}{x(t)} - \dfrac{1}{x(t) - a}\right]\mathrm{d}x = a\,k\,\mathrm{d}t$,两端积分得

$$\ln \frac{x(t)}{x(t) - a} = a\,k\,t + C_1 \qquad (C_1 \text{ 为任意常数}),$$

即 $\dfrac{x(t)}{x(t) - a} = \mathrm{e}^{akt + c_1}$,而 $\mathrm{e}^{akt + c_1} = C_2\,\mathrm{e}^{akt}$ 　　(C_2 为任意常数),

则 $\dfrac{x(t)}{x(t) - a} = C_2\,\mathrm{e}^{akt}$,

从而可得

$$x(t) = \frac{aC_2\,\mathrm{e}^{akt}}{C_2\,\mathrm{e}^{akt} - 1} = \frac{a}{1 - C\mathrm{e}^{-akt}} \qquad (C \text{ 为任意常数})。$$

例 3　在宏观经济研究中,发现某地区的国民收入 y ,国民储蓄 S 和投资 I 都是时间 t 的函数,且在任一时刻 t ,储蓄额 $S(t)$ 为国民收入 $y(t)$ 的 $\dfrac{1}{10}$ 倍,投资额 $I(t)$ 是国民收入增长率 $\dfrac{\mathrm{d}y}{\mathrm{d}t}$ 的 $\dfrac{1}{3}$ 倍,$t = 0$ 时国民收入是 5(亿元)。设在时刻 t 的储蓄额全部用于投资,试求国民收入函数。

解　由于 $S = \dfrac{1}{10}y$,$I = \dfrac{1}{3}\dfrac{\mathrm{d}y}{\mathrm{d}t}$ 。

由于假设时刻 t 的储蓄全部用于投资,那么 $S = I$,

$$\frac{1}{10}y = \frac{1}{3}\frac{\mathrm{d}y}{\mathrm{d}t}$$

解之得 $y = C\mathrm{e}^{\frac{3}{10}t}$

由 $y|_{t=0} = 5$,得 $C = 5$ 。

所以国民收入函数 $y = 5\mathrm{e}^{\frac{3}{10}t}$ 。

储蓄函数与投资函数为 $S = I = \dfrac{1}{2}\mathrm{e}^{\frac{3}{10}t}$。

> **做中学：** 已知某厂的纯利润 L 对广告费 x 的变化率 $\dfrac{\mathrm{d}L}{\mathrm{d}x}$ 与常数 A 和纯利润 L 之差成比。当 $x = 0$ 时 $L = L_0$，试求纯利润 L 与广告费 x 之间的函数关系。

例 4 （逻辑斯蒂方程）一棵小树刚栽下的时候长得比较慢，渐渐地，小树长高了，而且长得越来越快，几年不见，绿荫底下可乘凉了；但长到某一高度后，它的生长速度趋于稳定，然后，再慢慢降下来，这一现象具有普遍性。现在我们来建立它的数学模型。

如果树的生长速度与它目前的高度成正比，则显然不符合两头尤其是后期的生长情形。因为树不可能越长越快；但如果假设树的生长速度正比于最大高度与目前高度的差，则又明显不符合中间一段的生长速度，折中一下，假定它的生长速度既与目前的高度又与最大高度与目前高度之差成正比。

设小树生长的最大高度为 H（m），在 t（年）时的高度是 $h(t)$，则有

$$\frac{\mathrm{d}h(t)}{\mathrm{d}t} = kh(t)\big[H - h(t)\big] \quad (k > 0) \text{ 是比例常数}$$

这个方程为 Logistic 方程。

它是可分离变量的一阶常微分方程。

$$\frac{\mathrm{d}h(t)}{h(H - h)} = k\mathrm{d}t$$

两边积分，得 $\dfrac{1}{H}\big[\ln h - \ln(H - h)\big] = kt + C_1$

其通解为 $h(t) = \dfrac{H}{1 + C\mathrm{e}^{-kHt}}$（$C$ 为常数）。

逻辑斯蒂方程的应用比较广泛。人口限制增长问题，人口增长不是呈现指数型增长的，由于环境限制、有限的资源以及人为的影响，最终人口的增长速度将减慢下来，因此人口增长规律符合逻辑斯蒂方程；信息传播问题，在初期知道某一消息的人很少，但是，随着时间的推移，知道的人越来越多，经过一段时间后，大部分人都了解这个信息，这里的数量关系可用逻辑斯蒂方程描述；商品销售预测问题，一种商品的销售，最初知道的人很少，销售量也很少，当这种商品信息传播出去后，销售量大增，接近饱和时销售量增加缓慢，也满足逻辑斯蒂方程。总之，假设问题的基本数量特征是：在时间 t 很小时，呈指数型增长，当 t 增大时，增长速度就下降，且愈来愈接近于一个确定的值，像这类问题就可以用逻辑斯蒂方程解决。

单元能力训练 4-4

1. 某商品的需求量 D 对价格 P 的弹性为 $-P\ln 3$，已知该商品的最大需求量为 1500（即当 $P = 0$ 时，$D = 1500$），求需求量 D 对价格 P 的函数关系。

2. 某国的国民收入 y 随时间 t 的变化率为 $-0.003y + 0.00304$，假定 $y(0) = 0$，求国民收入 y 与时间 t 的函数关系。

数学实验三

用 MATLAB 求解微分方程

1. 命令格式

命令	功能
dsolve('eq1','eq2','…'cond1','cond2',…'v')	求微分方程组 eq1、eq2…的通解，初值为 cond1、cond2，…变量为 v

2. 例题

例 1　求微分方程 $xy' + y - e^x = 0$ 在初值条件 $y(1) = 2e$ 下的特解。

≫y=dsolve('x * Dy+y−exp(x)=0','y(1)=2 * exp(1)','x')

y =

(exp(x)+exp(1))/x

例 2　求微分方程 $y' + 2xy = xe^{-x^2}$ 的通解。

≫y=dsolve('Dy+2 * x * y=x * exp(−x^2)')

y =

(1/2 * exp(−x * (x−2 * t))+C1) * exp(−2 * x * t)

例 3　求微分方程 $\begin{cases} x' + 5x + y = e^t \\ y' - x - 3y = 0 \end{cases}$ 在初值条件 $\begin{cases} x\big|_{t=0} = 1 \\ y\big|_{t=0} = 0 \end{cases}$ 下的特解。

≫[x,y]=dsolve('Dx+5 * x+y=exp(t)','Dy−x−3 * y=0','x(0)=1','y(0)=0')

x =

−4 * exp((−1+15^(1/2)) * t) * (13/330 * 15^(1/2)+1/22)+exp((−1+15^(1/2)) * t) * (13/330 * 15^(1/2)+1/22) * 15^(1/2)−4 * exp(−(1+15^(1/2)) * t) * (−13/330 * 15^(1/2)+1/22)−exp(−(1+15^(1/2)) * t) * (−13/330 * 15^(1/2)+1/22) * 15^(1/2)+2/11 * exp(t)

y =

exp((−1+15^(1/2)) * t) * (13/330 * 15^(1/2)+1/22)+exp(−(1+15^(1/2)) * t) * (−13/330 * 15^(1/2)+1/22)−1/11 * exp(t)

附录Ⅰ MATLAB简介

MATLAB 是一种广泛应用于工程计算及数值分析领域的新型高级语言，自 1984 年推向市场以来，经过多年的发展与竞争，现已成为国际公认的最优秀的工程应用开发环境。在欧美各高等院校，MATLAB 是线性代数、数值分析、数理统计、自动控制、数字信号处理、动态系统仿真和图像处理等课程的基本教学工具，已成为大学生必须掌握的基本技能之一。

MATLAB 具有很强的数值计算功能，以矩阵作为数据操作的基本单位，但无需预先指定矩阵维数（动态定维），提供十分丰富的数值计算函数，方便计算，提高效率，MAT-LAB 命令与数学中的符号、公式非常接近，可读性强，容易掌握。

在 Windows XP 操作系统下，双击桌面图标 MATLAB 可进入操作系统，MATLAB 界面各部分的名称如图附录-1 所示。

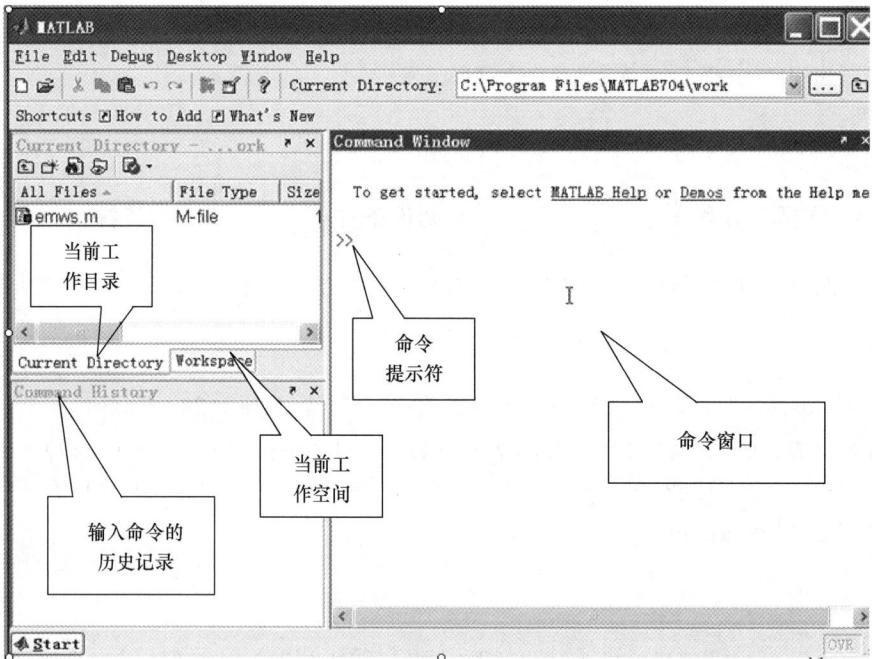

图附录-1 MATLAB 操作界面

一、系统预定义的变量

变量名	变量值
pi	圆周率 π
i,j	无穷大
nan,NaN	Not-a-Number，一个不定值，如 $0/0$
inf,Inf	虚部单位，即 $\sqrt{-1}$
ans	用于结果的默认变量名

二、变量

MATLAB 变量的命名规则：

(1) 以字母开头，后面可以跟字母、数字和下划线，长度不超过 63 个字符。

(2) 区分字母的大小写。

三、常用数学函数

函数及命令	意　义
exp(x)	自然指数 e^x（以 e 为底）
pow2(x)	以 2 为底的指数 2^x
log(x)	自然对数 $\ln x$（以 e 为底）
log2(x)	以 2 为底的对数
log10(x)	以 10 为底的对数
sqrt(x)	平方根
abs(x)	绝对值
sin(x)、cos(x)、tan(x)	三角函数
asin(x)、acos(x)、atan(x)	反三角函数

数学实验四

用 MATLAB 求极限

1. 命令格式

命令	功能
limit(f,x,a)	计算 $\lim\limits_{x \to a} f(x)$
limit(f,a)	当默认变量趋向于 a 时的极限
limit(f)	计算 $a=0$ 时的极限
limit(f,x,a,'right')	计算右极限
limit(f,x,a,'left')	计算左极限

2. 例题：计算下列极限

(1) $L = \lim\limits_{h \to 0} \dfrac{\ln(x+h) - \ln(x)}{h}$

≫symsx　h;

≫L＝limit((log(x+h)－log(x))/h,h,0)

≫L＝

1/x

(2) $M = \lim\limits_{n \to \infty} \left(1 - \dfrac{x}{n}\right)^n$

≫symsx　n;

≫M＝limit((1－x/n)^n,n,inf)

≫M＝

exp(－x)

附录Ⅱ 初等数学中的常用公式

一、因式分解公式

1. $(a \pm b)^2 = a^2 \pm 2ab + b^2$。
2. $(a \pm b)^3 = a^3 \pm 3a^2b + 3ab^2 \pm b^3$。
3. $(a + b + c)^2 = a^2 + b^2 + c^2 + 2ab + 2bc + 2ac$。
4. $(a + b)(a - b) = a^2 - b^2$。
5. $(a \pm b)(a^2 \mp ab + b^2) = a^3 \pm b^3$。

二、一元二次方程

$ax^2 + bx + c = 0 (a \neq 0)$。

根的判别式 $\Delta = b^2 - 4ac$，当 $\Delta \geqslant 0$ 时，方程有实数根，其根为

$$x_{1,2} = \frac{-b \pm \sqrt{b^2 - 4ac}}{2a};$$

当 $\Delta < 0$ 时，方程有一对复数根，其根为

$$x_{1,2} = \frac{-b \pm \mathrm{i} \sqrt{4ac - b^2}}{2a}。$$

三、指数运算法则（设 a, b 是正实数，m, n 是任意实数）

1. $a^m \cdot a^n = a^{m+n}$。
2. $\dfrac{a^m}{a^n} = a^{m-n}$。
3. $(a^m)^n = a^{mn}$。
4. $\left(\dfrac{a}{b}\right)^n = \dfrac{a^n}{b^n} (b \neq 0)$。
5. $(ab)^n = a^n \cdot b^n$。

四、对数

1. 运算法则

(1) $\log_a(M \cdot N) = \log_a M + \log_a N (M > 0, N > 0)$。

(2) $\log_a \dfrac{M}{N} = \log_a M - \log_a N$。

(3) $\log_a M^p = p \log_a M$。

2. 对数恒等式 $a^{\log_a N} = N (a > 0, a \neq 1, N > 0)$。

3. 换底公式

$\log_a M = \dfrac{\log_b M}{\log_b a} (a > 0, a \neq 1, b > 0, b \neq 1)$。

五、二项式定理

$$(a+b)^n = C_n^0 a^n + C_n^1 a^{n-1}b + C_n^2 a^{n-2}b^2 + \cdots + C_n^r a^r b^{n-r} + \cdots + C_n^n b^n$$

$$\left(n \in N^+, C_n^k = \frac{n!}{(n-k)!k!}, k = 0,1,2,\cdots,n \right)。$$

六、初等几何中的有关公式

1. 圆:周长 $C = 2\pi r$,面积 $S = \pi r^2$。

2. 扇形:面积 $S = \frac{1}{2}r^2\theta$,弧长 $l = r\theta$(θ 为扇形的圆心角,用弧度制表示)。

3. 圆锥:体积 $V = \frac{1}{3}\pi r^2 h$,侧面积 $S = \pi r l$,全面积 $S = \pi r(r+l)$。

4. 球:体积 $V = \frac{4}{3}\pi r^3$,表面积 $S = 4\pi r^2$。

七、三角函数公式

1. 诱导公式

角 A ＼ 函数	sin	cos	tan	cot
$-\alpha$	$-\sin\alpha$	$\cos\alpha$	$-\tan\alpha$	$-\cot\alpha$
$90°-\alpha$	$\cos\alpha$	$\sin\alpha$	$\cot\alpha$	$\tan\alpha$
$90°+\alpha$	$\cos\alpha$	$-\sin\alpha$	$-\cot\alpha$	$-\tan\alpha$
$180°-\alpha$	$\sin\alpha$	$-\cos\alpha$	$-\tan\alpha$	$-\cot\alpha$
$180°+\alpha$	$-\sin\alpha$	$-\cos\alpha$	$\tan\alpha$	$\cot\alpha$
$270°-\alpha$	$-\cos\alpha$	$-\sin\alpha$	$\cot\alpha$	$\tan\alpha$
$270°+\alpha$	$-\cos\alpha$	$\sin\alpha$	$-\cot\alpha$	$-\tan\alpha$
$360°-\alpha$	$-\sin\alpha$	$\cos\alpha$	$-\tan\alpha$	$-\cot\alpha$
$360°+\alpha$	$\sin\alpha$	$\cos\alpha$	$\tan\alpha$	$\cot\alpha$

2. 基本关系式

$$\sin^2\alpha + \cos^2\alpha = 1 \qquad 1 + \tan^2\alpha = \sec^2\alpha \qquad 1 + \cot^2\alpha = \csc^2\alpha$$

$$\tan\alpha = \frac{\sin\alpha}{\cos\alpha} \qquad \cot\alpha = \frac{\cos\alpha}{\sin\alpha}$$

$$\csc\alpha = \frac{1}{\sin\alpha} \qquad \sec\alpha = \frac{1}{\cos\alpha}$$

3. 加法与减法公式

$$\sin(\alpha \pm \beta) = \sin\alpha\cos\beta \pm \cos\alpha\sin\beta$$

$$\cos(\alpha \pm \beta) = \cos\alpha\cos\beta \mp \sin\alpha\sin\beta$$

$$\tan(\alpha \pm \beta) = \frac{\tan \alpha \pm \tan \beta}{1 \mp \tan \alpha \tan \beta}$$

$$\cot(\alpha \pm \beta) = \frac{\cot \beta \cot \beta \mp 1}{\cot \beta \pm \cot \alpha}$$

4. 和差化积公式

$$\sin \alpha + \sin \beta = 2\sin \frac{\alpha + \beta}{2}\cos \frac{\alpha - \beta}{2}$$

$$\sin \alpha - \sin \beta = 2\cos \frac{\alpha + \beta}{2}\sin \frac{\alpha - \beta}{2}$$

$$\cos \alpha + \cos \beta = 2\cos \frac{\alpha + \beta}{2}\cos \frac{\alpha - \beta}{2}$$

$$\cos \alpha - \cos \beta = -2\sin \frac{\alpha + \beta}{2}\sin \frac{\alpha - \beta}{2}$$

5. 积化和差

$$\sin \alpha \cos \beta = \frac{1}{2}\left[\sin(\alpha + \beta) + \sin(\alpha - \beta)\right]$$

$$\cos \alpha \cos \beta = \frac{1}{2}\left[\cos(\alpha + \beta) + \cos(\alpha - \beta)\right]$$

$$\sin \alpha \sin \beta = -\frac{1}{2}\left[\cos(\alpha + \beta) - \cos(\alpha - \beta)\right]$$

6. 倍角公式

$$\sin 2\alpha = 2\sin \alpha \cos \alpha$$

$$\cos 2\alpha = \cos^2 \alpha - \sin^2 \alpha = 2\cos^2 \alpha - 1 = 1 - 2\sin^2 \alpha$$

$$\tan 2\alpha = \frac{2\tan \alpha}{1 - \tan^2 \alpha}$$

$$\cot 2\alpha = \frac{\cot^2 \alpha - 1}{2\cot \alpha}$$

$$\sin 3\alpha = 3\sin \alpha - 4\sin^3 \alpha$$

$$\cos 3\alpha = 4\cos^3 \alpha - 3\cos \alpha$$

$$\tan 3\alpha = \frac{3\tan \alpha - \tan^3 \alpha}{1 - 3\tan^3 \alpha}$$

7. 半角公式

$$\sin \frac{\alpha}{2} = \pm \sqrt{\frac{1 - \cos \alpha}{2}}$$

$$\cos \frac{\alpha}{2} = \pm \sqrt{\frac{1 + \cos \alpha}{2}}$$

$$\tan \frac{\alpha}{2} = \pm \sqrt{\frac{1 - \cos \alpha}{1 + \cos \alpha}} = \frac{1 - \cos \alpha}{\sin \alpha} = \frac{\sin \alpha}{1 + \cos \alpha}$$

$$\cot \frac{\alpha}{2} = \pm \sqrt{\frac{1+\cos \alpha}{1-\cos \alpha}} = \frac{1+\cos \alpha}{\sin \alpha} = \frac{\sin \alpha}{1-\cos \alpha}$$

8. 正弦定理

$$\frac{a}{\sin A} = \frac{b}{\sin B} = \frac{c}{\sin C} = 2R$$

余弦定理　$c^2 = a^2 + b^2 - 2ab \cos C$

9. 反三角函数性质

$$\arcsin x = \frac{\pi}{2} - \arccos x \qquad \arctan x = \frac{\pi}{2} - \operatorname{arccot} x$$

附录Ⅲ 积分公式

一、含有 $ax+b$ 的积分

1. $\displaystyle\int \frac{\mathrm{d}x}{ax+b} = \frac{1}{a}\ln|ax+b| + C$

2. $\displaystyle\int (ax+b)^{\mu}\mathrm{d}x = \frac{1}{a(\mu+1)}(ax+b)^{\mu+1} + C(\mu \neq -1)$

3. $\displaystyle\int \frac{x}{ax+b}\mathrm{d}x = \frac{1}{a^2}(ax+b-b\ln|ax+b|) + C$

4. $\displaystyle\int \frac{x^2\,\mathrm{d}x}{ax+b} = \frac{1}{a^3}\left[\frac{1}{2}(ax+b)^2 - 2b(ax+b) + b^2\ln|ax+b|\right] + C$

5. $\displaystyle\int \frac{\mathrm{d}x}{x(ax+b)} = -\frac{1}{b}\ln\left|\frac{ax+b}{x}\right| + C$

6. $\displaystyle\int \frac{\mathrm{d}x}{x^2(ax+b)} = -\frac{1}{bx} + \frac{a}{b^2}\ln\left|\frac{ax+b}{x}\right| + C$

7. $\displaystyle\int \frac{x\,\mathrm{d}x}{(ax+b)^2} = \frac{1}{a^2}\left(\ln|ax+b| + \frac{b}{ax+b}\right) + C$

8. $\displaystyle\int \frac{x^2\,\mathrm{d}x}{(ax+b)^2} = \frac{1}{a^3}\left(ax+b-2b\ln|ax+b| - \frac{b^2}{ax+b}\right) + C$

9. $\displaystyle\int \frac{\mathrm{d}x}{x^2(ax+b)^2} = \frac{1}{b(ax+b)} - \frac{1}{b^2}\ln\left|\frac{ax+b}{x}\right| + C$

二、含有 $\sqrt{ax+b}$ 的积分

10. $\displaystyle\int \sqrt{ax+b}\,\mathrm{d}x = \frac{2}{3a}\sqrt{(ax+b)^3} + C$

11. $\displaystyle\int x\sqrt{ax+b}\,\mathrm{d}x = \frac{2}{15a^2}(3ax-2b)\sqrt{(ax+b)^3} + C$

12. $\displaystyle\int x^2\sqrt{ax+b}\,\mathrm{d}x = \frac{2}{105a^3}(15a^2x^2 - 12abx + 8b^2)\sqrt{(ax+b)^3} + C$

13. $\displaystyle\int \frac{x}{\sqrt{ax+b}}\,\mathrm{d}x = \frac{2}{3a^2}(ax-2b)\sqrt{ax+b} + C$

14. $\displaystyle\int \frac{x^2}{\sqrt{ax+b}}\,\mathrm{d}x = \frac{2}{15a^3}(3a^2x^2 - 4abx + 8b^2)\sqrt{ax+b} + C$

15. $\displaystyle\int \frac{\mathrm{d}x}{x\sqrt{ax+b}} = \begin{cases}\dfrac{1}{\sqrt{b}}\ln\left|\dfrac{\sqrt{ax+b}-\sqrt{b}}{\sqrt{ax+b}+\sqrt{b}}\right| + C(b>0) \\[3mm] \dfrac{1}{\sqrt{-b}}\arctan\sqrt{\dfrac{ax+b}{-b}} + C(b<0)\end{cases}$

16. $\displaystyle\int \frac{\mathrm{d}x}{x^2\sqrt{ax+b}} = -\frac{\sqrt{ax+b}}{bx} - \frac{a}{2b}\int \frac{\mathrm{d}x}{x\sqrt{ax+b}}$

17. $\displaystyle\int \frac{\sqrt{ax+b}}{x}\,\mathrm{d}x = 2\sqrt{ax+b}+b\int \frac{\mathrm{d}x}{x\sqrt{ax+b}}$

18. $\displaystyle\int \frac{\sqrt{ax+b}}{x^2}\,\mathrm{d}x = -\frac{\sqrt{ax+b}}{x}+\frac{a}{2}\int \frac{\mathrm{d}x}{x\sqrt{ax+b}}$

三、含有 $x^2 \pm a^2$ 的积分

19. $\displaystyle\int \frac{\mathrm{d}x}{x^2+a^2}=\frac{1}{a}\arctan\frac{x}{a}+C$

20. $\displaystyle\int \frac{\mathrm{d}x}{(x^2+a^2)^n}=\frac{x}{2(n-1)a^2(x^2+a^2)^{n-1}}+\frac{2n-3}{2(n-1)a^2}\int \frac{\mathrm{d}x}{(x^2+a^2)^{n-1}}$

21. $\displaystyle\int \frac{\mathrm{d}x}{x^2-a^2}=\frac{1}{2a}\ln\left|\frac{x-a}{x+a}\right|+C$

四、含有 $ax^2+b(a>0)$ 的积分

22. $\displaystyle\int \frac{\mathrm{d}x}{ax^2+b}=\begin{cases}\dfrac{1}{\sqrt{ab}}\arctan\sqrt{\dfrac{a}{b}}x+C\,(b>0)\\[3mm]\dfrac{1}{2\sqrt{-ab}}\ln\left|\dfrac{\sqrt{a}x-\sqrt{-b}}{\sqrt{a}x+\sqrt{-b}}\right|+C\,(b<0)\end{cases}$

23. $\displaystyle\int \frac{x}{ax^2+b}\,\mathrm{d}x=\frac{1}{2a}\ln|ax^2+b|+C$

24. $\displaystyle\int \frac{x^2}{ax^2+b}\,\mathrm{d}x=\frac{x}{a}-\frac{b}{a}\int \frac{\mathrm{d}x}{ax^2+b}$

25. $\displaystyle\int \frac{\mathrm{d}x}{x(ax^2+b)}=\frac{1}{2b}\ln\frac{x^2}{|ax^2+b|}+C$

26. $\displaystyle\int \frac{\mathrm{d}x}{x^2(ax^2+b)}=-\frac{1}{bx}-\frac{a}{b}\int \frac{\mathrm{d}x}{ax^2+b}$

27. $\displaystyle\int \frac{\mathrm{d}x}{(ax^2+b)^2}=\frac{x}{2b(ax^2+b)}+\frac{1}{2b}\int \frac{\mathrm{d}x}{ax^2+b}$

五、含有 $ax^2+bx+c(a>0)$ 的积分

28. $\displaystyle\int \frac{\mathrm{d}x}{ax^2+bx+c}=\begin{cases}\dfrac{2}{\sqrt{4ac-b^2}}\arctan\dfrac{2ax+b}{\sqrt{4ac-b^2}}+C\,(b^2<4ac)\\[3mm]\dfrac{1}{\sqrt{b^2-4ac}}\ln\left|\dfrac{2ax+bx-\sqrt{b^2-4ac}}{2ax+b+\sqrt{b^2-4ac}}\right|+C\,(b^2>4ac)\end{cases}$

29. $\displaystyle\int \frac{x}{ax^2+bx+c}\,\mathrm{d}x=\frac{1}{2a}\ln|ax^2+bx+c|-\frac{b}{2a}\int \frac{\mathrm{d}x}{ax^2+bx+c}$

六、含有 $\sqrt{x^2+a^2}(a>0)$ 的积分

30. $\displaystyle\int \frac{\mathrm{d}x}{\sqrt{x^2+a^2}}=\ln(x+\sqrt{x^2+a^2})+C$

31. $\int \dfrac{\mathrm{d}x}{\sqrt{(x^2+a^2)^3}} = \dfrac{x}{a^2\,\sqrt{x^2+a^2}} + C$

32. $\int \dfrac{x}{\sqrt{x^2+a^2}}\,\mathrm{d}x = \sqrt{x^2+a^2} + C$

33. $\int \dfrac{x}{\sqrt{(x^2+a^2)^3}}\,\mathrm{d}x = -\dfrac{1}{\sqrt{x^2+a^2}} + C$

34. $\int \dfrac{x^2}{\sqrt{x^2+a^2}}\,\mathrm{d}x = \dfrac{x}{2}\,\sqrt{x^2+a^2} - \dfrac{a^2}{2}\ln(x+\sqrt{x^2+a^2}) + C$

35. $\int \dfrac{x^2}{\sqrt{(x^2+a^2)^3}}\,\mathrm{d}x = -\dfrac{x}{\sqrt{x^2+a^2}} + \ln(x+\sqrt{x^2+a^2}) + C$

36. $\int \dfrac{\mathrm{d}x}{x\,\sqrt{x^2+a^2}} = \dfrac{1}{a}\ln\dfrac{\sqrt{x^2+a^2}-a}{|x|} + C$

37. $\int \dfrac{\mathrm{d}x}{x^2\,\sqrt{x^2+a^2}} = -\dfrac{\sqrt{x^2+a^2}}{a^2 x} + C$

38. $\int \sqrt{x^2+a^2}\,\mathrm{d}x = \dfrac{x}{2}\,\sqrt{x^2+a^2} + \dfrac{a^2}{2}\ln(x+\sqrt{x^2+a^2}) + C$

39. $\int \sqrt{(x^2+a^2)^3}\,\mathrm{d}x = \dfrac{x}{8}(2x^2+5a^2)\,\sqrt{x^2+a^2} + \dfrac{3a^4}{8}\ln(x+\sqrt{x^2+a^2}) + C$

40. $\int x\,\sqrt{x^2+a^2}\,\mathrm{d}x = \dfrac{1}{3}\,\sqrt{(x^2+a^2)^3} + C$

41. $\int x^2\,\sqrt{x^2+a^2}\,\mathrm{d}x = \dfrac{x}{8}(2x^2+a^2)\,\sqrt{x^2+a^2} - \dfrac{a^4}{8}\ln(x+\sqrt{x^2+a^2}) + C$

42. $\int \dfrac{\sqrt{x^2+a^2}}{x}\,\mathrm{d}x = \sqrt{x^2+a^2} + a\ln\dfrac{\sqrt{x^2+a^2}-a}{|x|} + C$

43. $\int \dfrac{\sqrt{x^2+a^2}}{x^2}\,\mathrm{d}x = -\dfrac{\sqrt{x^2+a^2}}{x} + \ln(x+\sqrt{x^2+a^2}) + C$

七、含有 $\sqrt{x^2-a^2}\,(a>0)$ 的积分

44. $\int \dfrac{\mathrm{d}x}{\sqrt{x^2-a^2}} = \ln\left| x+\sqrt{x^2-a^2} \right| + C$

45. $\int \dfrac{\mathrm{d}x}{\sqrt{(x^2-a^2)^3}} = -\dfrac{x}{a^2\,\sqrt{x^2-a^2}} + C$

46. $\int \dfrac{x}{\sqrt{x^2-a^2}}\,\mathrm{d}x = \sqrt{x^2-a^2} + C$

47. $\int \dfrac{x}{\sqrt{(x^2-a^2)^3}}\,\mathrm{d}x = -\dfrac{1}{\sqrt{x^2-a^2}} + C$

48. $\int \dfrac{x^2}{\sqrt{x^2-a^2}}\,\mathrm{d}x = \dfrac{x}{2}\,\sqrt{x^2-a^2} + \dfrac{a^2}{2}\ln\left| x+\sqrt{x^2-a^2} \right| + C$

49. $\int \dfrac{x^2}{\sqrt{(x^2-a^2)^3}}\,\mathrm{d}x = -\dfrac{x}{\sqrt{x^2-a^2}} + \ln\left| x+\sqrt{x^2-a^2} \right| + C$

50. $\displaystyle\int \frac{\mathrm{d}x}{x\sqrt{x^2-a^2}} = \frac{1}{a}\arccos\frac{a}{|x|} + C$

51. $\displaystyle\int \frac{\mathrm{d}x}{x^2\sqrt{x^2-a^2}} = \frac{\sqrt{x^2-a^2}}{a^2x} + C$

52. $\displaystyle\int \sqrt{x^2-a^2}\,\mathrm{d}x = \frac{x}{2}\sqrt{x^2-a^2} - \frac{a^2}{2}\ln\left|x+\sqrt{x^2-a^2}\right| + C$

53. $\displaystyle\int \sqrt{(x^2-a^2)^3}\,\mathrm{d}x = \frac{x}{8}(2x^2-5a^2)\sqrt{x^2-a^2} + \frac{3a^4}{8}\ln\left|x+\sqrt{x^2-a^2}\right| + C$

54. $\displaystyle\int x\sqrt{x^2-a^2}\,\mathrm{d}x = \frac{1}{3}\sqrt{(x^2-a^2)^3} + C$

55. $\displaystyle\int x^2\sqrt{x^2-a^2}\,\mathrm{d}x = \frac{x}{8}(2x^2-a^2)\sqrt{x^2-a^2} - \frac{a^4}{8}\ln\left|x+\sqrt{x^2-a^2}\right| + C$

56. $\displaystyle\int \frac{\sqrt{x^2-a^2}}{x}\,\mathrm{d}x = \sqrt{x^2-a^2} - \arccos\frac{a}{|x|} + C$

57. $\displaystyle\int \frac{\sqrt{x^2-a^2}}{x^2}\,\mathrm{d}x = -\frac{\sqrt{x^2-a^2}}{x} + \ln\left|x+\sqrt{x^2-a^2}\right| + C$

八、含有 $\sqrt{a^2-x^2}\,(a>0)$ 的积分

58. $\displaystyle\int \frac{\mathrm{d}x}{\sqrt{a^2-x^2}} = \arcsin\frac{x}{a} + C$

59. $\displaystyle\int \frac{\mathrm{d}x}{\sqrt{(a^2-x^2)^3}} = \frac{x}{a^2\sqrt{a^2-x^2}} + C$

60. $\displaystyle\int \frac{x}{\sqrt{a^2-x^2}}\,\mathrm{d}x = -\sqrt{a^2-x^2} + C$

61. $\displaystyle\int \frac{x}{\sqrt{(a^2-x^2)^3}}\,\mathrm{d}x = \frac{1}{\sqrt{a^2-x^2}} + C$

62. $\displaystyle\int \frac{x^2}{\sqrt{a^2-x^2}}\,\mathrm{d}x = -\frac{x}{2}\sqrt{a^2-x^2} + \frac{a^2}{2}\arcsin\frac{x}{a} + C$

63. $\displaystyle\int \frac{x^2}{\sqrt{(a^2-x^2)^3}}\,\mathrm{d}x = \frac{x}{\sqrt{a^2-x^2}} - \arcsin\frac{x}{a} + C$

64. $\displaystyle\int \frac{\mathrm{d}x}{x\sqrt{a^2-x^2}} = \frac{1}{a}\ln\frac{a-\sqrt{a^2-x^2}}{|x|} + C$

65. $\displaystyle\int \frac{\mathrm{d}x}{x^2\sqrt{a^2-x^2}} = -\frac{\sqrt{a^2-x^2}}{a^2x} + C$

66. $\displaystyle\int \sqrt{a^2-x^2}\,\mathrm{d}x = \frac{x}{2}\sqrt{a^2-x^2} + \frac{a^2}{2}\arcsin\frac{x}{a} + C$

67. $\displaystyle\int \sqrt{(a^2-x^2)^3}\,\mathrm{d}x = \frac{x}{8}(5a^2-2x^2)\sqrt{a^2-x^2} + \frac{3a^4}{8}\arcsin\frac{x}{a} + C$

68. $\displaystyle\int x\sqrt{a^2-x^2}\,\mathrm{d}x = -\frac{1}{3}\sqrt{(a^2-x^2)^3} + C$

69. $\displaystyle\int x^2\sqrt{a^2-x^2}\,\mathrm{d}x = \frac{x}{8}(2x^2-a^2)\sqrt{a^2-x^2} + \frac{a^4}{8}\arcsin\frac{x}{a} + C$

70. $\int \dfrac{\sqrt{a^2-x^2}}{x}\mathrm{d}x = \sqrt{a^2-x^2} + a\ln\dfrac{a-\sqrt{a^2-x^2}}{|x|} + C$

71. $\int \dfrac{\sqrt{a^2-x^2}}{x^2}\mathrm{d}x = -\dfrac{\sqrt{a^2-x^2}}{x} - \arcsin\dfrac{x}{a} + C$

九、含有 $\sqrt{\pm ax^2+bx+c}\,(a>0)$ 的积分

72. $\int \dfrac{\mathrm{d}x}{\sqrt{ax^2+bx+c}} = \dfrac{1}{\sqrt{a}}\ln\left|2ax+b+2\sqrt{a}\,\sqrt{ax^2+bx+c}\right| + C$

73. $\int \sqrt{ax^2+bx+c}\,\mathrm{d}x = \dfrac{2ax+b}{4a}\sqrt{ax^2+bx+c} + \dfrac{4ac-b^2}{8\sqrt{a^3}}\ln\left|2ax+b+2\sqrt{a}\right.$
$\left.\sqrt{ax^2+bx+c}\right| + C$

74. $\int \dfrac{x}{\sqrt{ax^2+bx+c}}\,\mathrm{d}x = \dfrac{1}{a}\sqrt{ax^2+bx+c} - \dfrac{b}{2\sqrt{a^3}}\ln\left|2ax+b+2\sqrt{a}\right.$
$\left.\sqrt{ax^2+bx-c}\right| + C$

75. $\int \dfrac{\mathrm{d}x}{\sqrt{c+bx-ax^2}} = -\dfrac{1}{\sqrt{a}}\arcsin\dfrac{2ax-b}{\sqrt{b^2+4ac}} + C$

76. $\int \sqrt{c+bx-ax^2}\,\mathrm{d}x = \dfrac{2ax-b}{4a}\sqrt{c+bx-ax^2} + \dfrac{b^2+4ac}{8\sqrt{a^3}}\arcsin\dfrac{2ax-b}{\sqrt{b^2+4ac}} + C$

77. $\int \dfrac{x}{\sqrt{c+bx-ax^2}}\,\mathrm{d}x = -\dfrac{1}{a}\sqrt{c+bx-ax^2} + \dfrac{b}{2\sqrt{a^3}}\arcsin\dfrac{2ax-b}{\sqrt{b^2+4ac}} + C$

十、含有 $\sqrt{\dfrac{a\pm x}{b\pm x}}$ 或 $\sqrt{(a-x)(b-x)}$ 的积分

78. $\int \sqrt{\dfrac{a+x}{b+x}}\,\mathrm{d}x = \sqrt{(x+a)(x+b)} + (a-b)\ln\left(\sqrt{x+a}+\sqrt{x+b}\right) + C$

79. $\int \sqrt{\dfrac{a-x}{b-x}}\,\mathrm{d}x = -\sqrt{(a-x)(b-x)} + (b-a)\ln\left(\sqrt{|a-x|}+\sqrt{|b-x|}\right) + C$

80. $\int \sqrt{\dfrac{b-x}{x-a}}\,\mathrm{d}x = \sqrt{(x-a)(b-x)} + (b-a)\arcsin\sqrt{\dfrac{x-a}{b-a}} + C\,(a<b)$

81. $\int \sqrt{\dfrac{x-a}{b-x}}\,\mathrm{d}x = -\sqrt{(x-a)(b-x)} + (b-a)\arcsin\sqrt{\dfrac{x-a}{b-a}} + C\,(a<b)$

82. $\int \dfrac{\mathrm{d}x}{\sqrt{(x-a)(b-x)}} = 2\arcsin\sqrt{\dfrac{x-a}{b-x}} + C\,(a<b)$

十一、含有三角函数的积分

83. $\int \sin x\,\mathrm{d}x = -\cos x + C$

84. $\int \cos x\,\mathrm{d}x = \sin x + C$

85. $\int \tan x\,\mathrm{d}x = -\ln|\cos x| + C$

86. $\displaystyle\int \cot x \, \mathrm{d}x = \ln |\sin x| + C$

87. $\displaystyle\int \sec x \, \mathrm{d}x = \ln |\sec x + \tan x| + C = \ln \left| \tan \left(\frac{\pi}{4} + \frac{x}{2} \right) \right| + C$

88. $\displaystyle\int \csc x \, \mathrm{d}x = \ln |\csc x - \cot x| + C = \ln \left| \tan \frac{x}{2} \right| + C$

89. $\displaystyle\int \sec^2 x \, \mathrm{d}x = \tan x + C$

90. $\displaystyle\int \csc^2 x \, \mathrm{d}x = -\cot x + C$

91. $\displaystyle\int \sec x \tan x \, \mathrm{d}x = \sec x + C$

92. $\displaystyle\int \csc x \cot x \, \mathrm{d}x = -\csc x + C$

93. $\displaystyle\int \sin^2 x \, \mathrm{d}x = \frac{x}{2} - \frac{1}{4}\sin 2x + C$

94. $\displaystyle\int \cos^2 x \, \mathrm{d}x = \frac{x}{2} + \frac{1}{4}\sin 2x + C$

95. $\displaystyle\int \sin^n x \, \mathrm{d}x = -\frac{1}{n}\sin^{n-1}x\cos x + \frac{n-1}{n}\int \sin^{n-2} x \, \mathrm{d}x$

96. $\displaystyle\int \cos^n x \, \mathrm{d}x = \frac{1}{n}\cos^{n-1}x\sin x + \frac{n-1}{n}\int \cos^{n-2} x \, \mathrm{d}x$

97. $\displaystyle\int \frac{\mathrm{d}x}{\sin^n x} = -\frac{1}{n-1}\frac{\cos x}{\cos^{n-1}x} + \frac{n-2}{n-1}\int \frac{\mathrm{d}x}{\sin^{n-2}x}$

98. $\displaystyle\int \frac{\mathrm{d}x}{\cos^n x} = \frac{1}{n-1}\frac{\sin x}{\cos^{n-1}x} + \frac{n-2}{n-1}\int \frac{\mathrm{d}x}{\cos^{n-2}x}$

99. $\displaystyle\int \cos^m x \sin^n x \, \mathrm{d}x = \frac{1}{m+n}\cos^{m-1}x\sin^{n+1}x\cos x + \frac{m-1}{m+n}\int \cos^{m-2}x\sin^n x \, \mathrm{d}x$

$$= -\frac{1}{m+n}\cos^{m+1}x\sin^{n-1}x + \frac{n-1}{m+n}\int \cos^m x\sin^{n-2}x \, \mathrm{d}x$$

100. $\displaystyle\int \sin ax \cos bx \, \mathrm{d}x = -\frac{1}{2(a+b)}\cos(a+b)x - \frac{1}{2(a-b)}\cos(a-b)x + C \ (a^2 \neq b^2)$

101. $\displaystyle\int \sin ax \sin bx \, \mathrm{d}x = -\frac{1}{2(a+b)}\sin(a+b)x + \frac{1}{2(a-b)}\sin(a-b)x + C \ (a^2 \neq b^2)$

102. $\displaystyle\int \cos ax \cos bx \, \mathrm{d}x = \frac{1}{2(a+b)}\sin(a+b)x + \frac{1}{2(a-b)}\sin(a-b)x + C \ (a^2 \neq b^2)$

103. $\displaystyle\int \frac{\mathrm{d}x}{a + b\sin x} = \frac{2}{\sqrt{a^2 - b^2}}\arctan \frac{a\tan\frac{x}{2} + b}{\sqrt{a^2 - b^2}} + C \ (a^2 > b^2)$

104. $\displaystyle\int \frac{\mathrm{d}x}{a + b\sin x} = \frac{1}{\sqrt{b^2 - a^2}}\ln \left| \frac{a\tan\frac{x}{2} + b - \sqrt{b^2 - a^2}}{a\tan\frac{x}{2} + b + \sqrt{b^2 - a^2}} \right| + C \ (a^2 < b^2)$

105. $\displaystyle\int \frac{\mathrm{d}x}{a + b\cos x} = \frac{2}{a+b}\sqrt{\frac{a+b}{a-b}}\arctan \left(\sqrt{\frac{a-b}{a+b}}\tan\frac{x}{2} \right) + C \ (a^2 > b^2)$

106. $\int \dfrac{dx}{a+b \cos x} = \dfrac{1}{a+b} \sqrt{\dfrac{a+b}{b-a}} \ln \left| \dfrac{\tan \dfrac{x}{2} + \sqrt{\dfrac{a+b}{b-a}}}{\tan \dfrac{x}{2} - \sqrt{\dfrac{a+b}{b-a}}} \right| + C (a^2 < b^2)$

107. $\int \dfrac{dx}{a^2 \cos^2 x + b^2 \sin^2 x} = \dfrac{1}{2ab} \arctan \left(\dfrac{b}{a} \tan x \right) + C$

108. $\int \dfrac{dx}{a^2 \cos^2 x - b^2 \sin^2 x} = \dfrac{1}{2ab} \ln \left| \dfrac{b \tan x + a}{b \tan x - a} \right| + C$

109. $\int x \sin ax \, dx = \dfrac{1}{a^2} \sin ax - \dfrac{1}{a} x \cos ax + C$

110. $\int x^2 \sin ax \, dx = -\dfrac{1}{a} x^2 \cos ax + \dfrac{2}{a^2} x \sin ax + \dfrac{2}{a^3} \cos ax + C$

111. $\int x \cos ax \, dx = \dfrac{1}{a^2} \cos ax + \dfrac{1}{a} x \sin ax + C$

112. $\int x^2 \cos ax \, dx = \dfrac{1}{a} x^2 \sin ax + \dfrac{2}{a^2} x \cos ax - \dfrac{2}{a^3} \sin ax + C$

十二、含有反三角函数的积分（其中 $a > 0$）

113. $\int \arcsin \dfrac{x}{a} \, dx = x \arcsin \dfrac{x}{a} + \sqrt{a^2 - x^2} + C$

114. $\int x \arcsin \dfrac{x}{a} \, dx = \left(\dfrac{x^2}{2} - \dfrac{a^2}{4} \right) \arcsin \dfrac{x}{a} + \dfrac{x}{4} \sqrt{a^2 - x^2} + C$

115. $x^2 \arcsin \dfrac{x}{a} \, dx = \dfrac{x^3}{3} \arcsin \dfrac{x}{a} + \dfrac{1}{9} (x^2 + 2a^2) \sqrt{a^2 - x^2 + C}$

116. $\int \arccos \dfrac{x}{a} \, dx = x \arccos \dfrac{x}{a} - \sqrt{a^2 - x^2} + C$

117. $\int x \arccos \dfrac{x}{a} \, dx = \left(\dfrac{x^2}{2} - \dfrac{a^2}{4} \right) \arccos \dfrac{x}{a} - \dfrac{x}{4} \sqrt{a^2 - x^2} + C$

118. $\int x^2 \arccos \dfrac{x}{a} \, dx = \dfrac{x^3}{3} \arccos \dfrac{x}{a} - \dfrac{1}{9} (x^2 + 2a^2) \sqrt{a^2 - x^2} + C$

119. $\int \arctan \dfrac{x}{a} \, dx = x \arctan \dfrac{x}{a} - \dfrac{a}{2} \ln(a^2 + x^2) + C$

120. $\int x \arctan \dfrac{x}{a} \, dx = \dfrac{1}{2} (a^2 + x^2) \arctan \dfrac{x}{a} - \dfrac{ax}{2} + C$

121. $\int x^2 \arctan \dfrac{x}{a} \, dx = \dfrac{x^3}{3} \arctan \dfrac{x}{a} - \dfrac{a}{6} x^2 + \dfrac{a^3}{6} \ln(a^2 + x^2) + C$

十三、含有指数函数的积分

122. $\int a^x \, dx = \dfrac{1}{\ln a} a^x + C$

123. $\int e^{ax} \, dx = \dfrac{1}{a} e^{ax} + C$

124. $\int x e^{ax} \, dx = \dfrac{1}{a^2} (ax - 1) e^{ax} + C$

125. $\int x^n e^{ax} \, dx = \dfrac{1}{a} x^n e^{ax} - \dfrac{n}{a} \int x^{n-1} e^{ax} \, dx$

126. $\int x a^x \, dx = \dfrac{x}{\ln a} a^x - \dfrac{1}{(\ln a)^2} a^x + C$

127. $\int x^n a^x \, dx = \dfrac{1}{\ln a} x^n a^x - \dfrac{n}{\ln a} \int x^{n-1} a^x \, dx + C$

128. $\int e^{ax} \sin bx \, dx = \dfrac{1}{a^2 + b^2} e^{ax} (a \sin bx - b \cos bx) + C$

129. $\int e^{ax} \cos bx \, dx = \dfrac{1}{a^2 + b^2} e^{ax} (b \sin bx + a \cos bx) + C$

130. $\int e^{ax} \sin^n bx \, dx = \dfrac{1}{a^2 + b^2 n^2} e^{ax} \sin^{n-1} bx (a \sin bx - nb \cos bx)$

$\qquad + \dfrac{n(n-1)b^2}{a^2 + b^2 n^2} \int e^{ax} \sin^{n-2} bx \, dx$

131. $\int e^{ax} \cos^n bx \, dx = \dfrac{1}{a^2 + b^2 n^2} e^{ax} \cos^{n-1} bx (a \cos bx + nb \sin bx)$

$\qquad + \dfrac{n(n-1)b^2}{a^2 + b^2 n^2} \int e^{ax} \cos^{n-2} bx \, dx$

十四、含有对数函数的积分

132. $\int \ln x \, dx = x \ln x - x + C$

133. $\int \dfrac{dx}{x \ln x} = \ln |\ln x| + C$

134. $\int x^n \ln x \, dx = \dfrac{x^{n+1}}{n+1} \left(\ln x - \dfrac{1}{n+1} \right) + C$

135. $\int (\ln x)^n \, dx = x (\ln x)^n - n \int (\ln x)^{n-1} \, dx$

136. $\int x^m (\ln x)^n \, dx = \dfrac{x^{m+1}}{m+1} (\ln x)^n - \dfrac{n}{m+1} \int x^m (\ln x)^{n-1} \, dx$

参 考 答 案

第一篇 微积分

第一章 极限与连续

单元能力训练 1-1

1.（1）不是；（2）不是；（3）不是；（4）是。

2.（1）$[2,4]$；（2）$[-1,0) \bigcup (0,1)$；（3）$[-1,2]$；（4）$[1,4]$。

3. $f(0)=0, f(2)=4, f(5)=32$。

4.（1）偶函数；（2）非奇非偶函数；（3）奇函数；（4）奇函数；（5）偶函数；（6）非奇非偶函数。

5.（1）单调递减；（2）单调递增；（3）递减函数；（4）递增函数。

6.（1）$y=u^2, u=\arccos v, v=\sqrt{x}$；（2）$y=\sqrt{u}, u=\ln v, v=\tan w, w=x^2$；

（3）$y=e^u, u=\sin v, v=\dfrac{x}{2}$；（4）$y=u^{10}, u=1+2x$；

（5）$y=u^3, u=\sin x$；（6）$y=\dfrac{1}{\sqrt{u}}, u=\ln v, v=x^2-1$。

7. $p=9, Q=27$。

8.（1）25；（2）30。

单元能力训练 1-2

1.（1）1；（2）0；（3）0；（4）0；（5）不存在；（6）不存在。

2.（1）0；（2）$+\infty$；（3）1。

3. 3,3,存在且等于3。

4. 不存在。

单元能力训练 1-3

1.（1）0；（2）-1；（3）4；（4）$\dfrac{1}{2}$；（5）$\dfrac{8}{5}$；（6）$\dfrac{1}{2\sqrt{x}}$；（7）$-\dfrac{1}{2}$；（8）-1；（9）$3x^2$；（10）1。

2.（1）k；（2）$\dfrac{5}{3}$；（3）0；（4）$\dfrac{3}{2}$；（5）e^2；（6）e^{-3}；（7）e^{-4}；（8）e^2；（9）e；（10）e。

单元能力训练 1-4

1.（1）无穷大；（2）无穷大；（3）无穷小；（4）无穷大；（5）无穷小；（6）无穷小；（7）无穷小；（8）无穷小。

2.（1）0；（2）0；（3）0；（4）0。

3.（1）$\dfrac{1}{2}$；（2）0；（3）∞；（4）∞；（5）$\dfrac{2^{20}3^{30}}{5^{50}}$；（6）2；（7）$\dfrac{1}{5}$；（8）$\dfrac{1}{2}$。

4.(1)1,等价无穷小；(2)∞,低阶无穷小；(3)2,同阶无穷小；(4)$\frac{1}{4}$,同阶无穷小。

5.(1)$\begin{cases} 0, & n>m \\ 1, & n=m \\ \infty, & n<m \end{cases}$；(2)2；(3)1；(4)$\frac{1}{2}$。

单元能力训练 1-5

1.(1)不连续；(2)不连续；(3)连续；(4)不连续。

2.(1)2 为无穷间断点；(2)0 为无穷间断点；(3)0 为跳跃间断点；(4)0 为可去间断点。

3.(1)$(1,+\infty)$；(2)$\left\{ x\in R \mid x\neq \frac{3\pm\sqrt{5}}{2} \right\}$。

4.2。

5.(1)1；(2)$\frac{1}{2}\ln 2$；(3)$\frac{\pi}{4}$；(4)$\frac{1}{2}$。

6.略。

单元能力训练 1-6

1.(1)$L(x)=3x-21$；(2)$L(4)=-9$；$\overline{L}(4)=-\frac{9}{4}$；(3)$L(10)=9$ 销量为 10 时赢利。

2.(1)74.01 万元；(2)74.59 万元；3. 12.214 万元；4. $A_0 e^n$。

第二章　导数及其应用

单元能力训练 2-1

1.(1)等于零；(2)充分；(3)$(-1,-1),(1,1)$。

2.(1)连续不可导；(2)既不连续也不可导。

3.(1)$\overline{C}(x)=\frac{200^2+1000}{200}=205$；(2)产量增加一个单位时成本增加 400 个单位。

4.点$(2,4)$,切线方程 $4x-y-4=0$。

单元能力训练 2-2

1.(1)$(1,4)$；(2)1；(3)3；(4)$(0,1),(-2,-3)$；(5)0；(6)6。

2.(1)$5x^4-\frac{2}{x^2}$；(2)$4x+\frac{5}{2}x^{\frac{3}{2}}$；(3)$2x-3\cos x$；(4)$\tan x+x\sec^2 x+2\sin x$；

(5)xe^x；(6)$2x\ln x+x-2\csc^2 x$；(7)$\frac{1-x^2}{(1+x^2)^2}$；(8)$\sin x\ln x+x\cos x\ln x+\sin x$；

(9)$\frac{-x^3+3x^2-2}{e^x}$；(10)$\tan^2 t+2\cos t+1$。

3.(1)$20(4x+1)^4$；(2)$-10e^{-2x}$；(3)$\ln 3\cdot 3^x\cdot\cos 3x$；(4)$\ln 5\cdot 5^{\sin x}\cdot\cos x$；

(5)$\csc x$；(6)$2\sec^2 x\cdot\tan x$；(7)$\frac{x\cdot\cos\sqrt{x^2+1}}{\sqrt{x^2+1}}$；(8)$\frac{1}{\ln(\ln x)}\cdot\frac{1}{\ln x}\cdot\frac{1}{x}$；

(9) $\dfrac{1}{\sqrt{x^2+a^2}}$; (10) $\sin 4x-\sin 2x$ 。

4. (1) $\dfrac{(1+y^2)\mathrm{e}^x}{1+(1+y^2)\mathrm{e}^y}$; (2) $-\sqrt{\dfrac{y}{x}}$; (3) $\dfrac{y-\mathrm{e}^{x+y}}{\mathrm{e}^{x+y}-x}$; (4) $\dfrac{1+y^2}{2+y^2}$;

(5) $\dfrac{x+y}{x-y}$; (6) $\dfrac{y(y-x\ln y)}{x(x-y\ln y)}$;

(7) $\dfrac{1}{2}\sqrt{\dfrac{(x-1)(x^2+1)}{(x+3)(2-x)}}\left(\dfrac{1}{x-1}+\dfrac{2x}{x^2+1}-\dfrac{1}{x+3}-\dfrac{1}{x-2}\right)$;

(8) $(\sin x)^{\cos x}(\cos x\cdot\cot x-\sin x\cdot\ln\sin x)$ 。

单元能力训练 2-3

1. (1) $-\dfrac{1}{x^2}$; (2) -2 ; (3) $\dfrac{-4}{(2x-1)^2}$; (4) $n!+\mathrm{e}^x$ 。

2. (1) $9\mathrm{e}^{3x-1}$; (2) $-2\sin x-x\cos x$; (3) $\dfrac{-2(x^2+1)}{(1-x^2)^2}$; (4) $6x\cdot\ln x+5x$;

(5) $\dfrac{-1}{(x^2-1)^{\frac{3}{2}}}$; (6) $2\arctan x+\dfrac{2x}{1+x^2}$ 。

3. (1) $\dfrac{10}{27}$; (2) $\dfrac{\sin 2-2\cos 2}{\mathrm{e}^2}$ 。

4. (1) $n\mathrm{e}^x+x\mathrm{e}^x$; (2) $\cos\left(x+\dfrac{n\pi}{2}\right)$; (3) $f^{(n)}(x)=\dfrac{(n-1)!}{(1-x)^n}$, $f^{(n)}(0)=(n-1)!$ 。

5. (1) $\dfrac{y^2-x^2}{y^3}$; (2) $\dfrac{\mathrm{e}^{2y}(2-x\mathrm{e}^y)}{(1-x\mathrm{e}^y)^3}$ 。

单元能力训练 2-4

1. (1) 0 ; (2) $f'(2)\cdot\Delta x$; (3) $f(x_0)+f'(x_0)\cdot\Delta x$ 。

2. $\Delta x=0.1$ 时，$\Delta y=1.161$, $\mathrm{d}y=1.1$;

$\Delta x=0.01$ 时，$\Delta y=0.1106$, $\mathrm{d}y=0.11$ 。

3. $f'(x_0)=4$ 。

4. (1) $(\sin 2x+2x\cdot\cos 2x)\mathrm{d}x$; (2) $\dfrac{1}{(1+x)^2}\mathrm{d}x$;

(3) $-2x\sin(x^2)\mathrm{d}x$; (4) $2x\mathrm{e}^{2x}(1+x)\mathrm{d}x$ 。

5. (1) 0.99 ; (2) 0.7865 ; (3) $1.01\mathrm{e}\approx 2.7452$; (4) $\dfrac{\sqrt{3}}{2}+\dfrac{\pi}{360}\approx 0.8747$ 。

6. $\Delta L\approx 6.005$ 元，利润增加的近似值为 6 元。

7. $2\pi Rd$ 。

单元能力训练 2-5

1. (1) 不满足罗尔定理；(2) 满足罗尔定理，$\xi=0$ 。

2. (1) 满足拉格朗日定理，$\xi=\mathrm{e}-1$; (2) 满足拉格朗日定理，$\xi=1$ 。

3. 令 $f(x)=\arcsin x+\arccos x$ ，则 $f'(x)=0$ ，故由定理 2.1.3 推论知 $f(x)\equiv C$ 。

取特值 $x=0$, $f(0)=\arcsin 0+\arccos 0=\dfrac{\pi}{2}$ ，所以 $f(x)\equiv\dfrac{\pi}{2}$ 。

4. 略。

单元能力训练 2-6

1. (1) $f'(x_0) = 0$;(2) $a = -2, b = 4$。

2. (1) 单调递增;(2) $x > 0$,单调递增;$x < 0$ 单调递减;(3)单调递增。

3. (1) 定义域为 $(0, +\infty)$,单调递增区间为 $\left(\dfrac{1}{2}, +\infty\right)$,单调递减区间为 $\left(0, \dfrac{1}{2}\right)$,

   极小值为 $f\left(\dfrac{1}{2}\right) = \dfrac{1}{2} + \ln 2$。

   (2) 定义域为 $(-\infty, 0) \bigcup (0, +\infty)$,单调递增区间为 $(-\infty, -2), (2, +\infty)$,单调递减区间为 $(-2, 0), (0, 2)$,极小值为 $f(2) = 8$,极大值为 $f(-2) = -8$;

   (3) 定义域为 R,单调递增区间为 $(-2, 0), (2, +\infty)$,单调递减区间为 $(-\infty, -2), (0, 2)$,极小值为 $f(2) = -14, f(-2) = -14$,极大值为 $f(0) = 2$;

   (4) 定义域为 R,单调递增区间为 $\left(\dfrac{1}{2}, +\infty\right)$,单调递减区间为 $\left(-\infty, \dfrac{1}{2}\right)$,极小

   值为 $f\left(\dfrac{1}{2}\right) = -\dfrac{27}{16}$。

4. (1) $f(2) = f(-2) = 13, f(1) = f(-1) = 4, f(0) = 5$,最大值为 13,最小值为 4;

   (2) $f(0) = 0, f(4) = 8$,最大值为 8,最小值为 0;

   (3) $f(0) = f(2\pi) = -\dfrac{1}{2}, f(\pi) = \dfrac{3}{2}$,最大值为 $\dfrac{3}{2}$,最小值为 $-\dfrac{1}{2}$;

   (4) $f(0) = 0, f(1) = \dfrac{1}{2}, f(2) = \dfrac{2}{5}$,最大值为 $\dfrac{1}{2}$,最小值为 0。

5. 长和宽分别为 5m 时,小屋的面积最大。

6. 略。

7. $x = y = \sqrt{a}$。

8. $r = \sqrt[3]{\dfrac{V}{2\pi}}, h = \sqrt[3]{\dfrac{4V}{\pi}}$。

单元能力训练 2-7

1. (1) 单调递增的凸函数;(2) $a = -\dfrac{3}{2}, b = \dfrac{9}{2}$;(3) $a = 1, b = -3, c = -24, d = 16$;

   (4) $y = 0$;(5) $x = -3$。

2. (1) 凹函数;(2) 定义域为 $(0, +\infty)$,凸函数;(3)凹函数;(4)凹函数。

3. (1) 凸区间为 $\left(-\infty, \dfrac{5}{3}\right)$,凹区间为 $\left(\dfrac{5}{3}, +\infty\right)$,拐点为 $\left(\dfrac{5}{3}, \dfrac{20}{27}\right)$;

   (2) 定义域为 $(-\infty, 1) \bigcup (1, +\infty)$,凸区间为 $(-\infty, 1) \bigcup (1, +\infty)$,无拐点;

   (3) 定义域为 R,凸区间为 $(4 +\infty)$,凹区间为 $(-\infty, 4)$,拐点为 $(4, 2)$;

   (4) 定义域为 R,凸区间为 $(-\infty, 2)$,凹区间为 $(2, +\infty)$,拐点为 $(2, 2e^{-2})$。

4. (1) $x = -1$ 为垂直渐近线,$y = 0$ 为水平渐近线;

   (2) $x = 1$ 为垂直渐近线,$y = 0$ 为水平渐近线;

   (3) $x = 0$ 为垂直渐近线,无水平渐近线;

   (4) $x = 0$ 为垂直渐近线,$y = -1$ 为水平渐近线。

5. 略。

单元能力训练 2-8

1.（1）∞；（2）1；（3）2；（4）1；（5）$\dfrac{m}{n}a^{m-n}$；（6）3。

2.（1）0；（2）$\dfrac{1}{2}$；（3）$\dfrac{1}{2}$；（4）-1；（5）1；（6）1。

单元能力训练 2-9

1.（1）边际成本 $C'(x)=2x+2$；

（2）$\overline{C}(x)=\dfrac{C(50)}{50}=62,C'(50)=102$。

2. 总收益 255，平均收益 17，边际收益 $R'(Q)=\dfrac{1}{5}(100-2Q),R'(15)=14$。

3. 零售价 3.75 元时，利润最大，销售量 600 件。

4. $E_{\mathrm{d}}=-\dfrac{3}{49},E(p)=-\dfrac{4p^2}{10000-2p^2},E(10)=-\dfrac{2}{49}$。

5. $E(p)=\dfrac{20pe^{-20p}}{100-e^{-20p}},E(10)=\dfrac{200e^{-200}}{100-e^{-200}}$。

第三章　不定积分与定积分

单元能力训练 3-1

1.（1）$3x+\cot x+\arctan x+C$；（2）$\dfrac{x^3}{3}-x+\arctan x+C$；（3）$2\ln|x|+\dfrac{x^2}{6}+C$；

（4）$\cot x\quad x\mid C$。

2.（1）e^x-x+C；（2）$\tan x-\sec x+C$；（3）$-\dfrac{2}{3}x^{\frac{-3}{2}}+C$；（4）$-(\cot x+\tan x)+C$。

单元能力训练 3-2

1.（1）$\dfrac{1}{5}e^{5t}+C$；（2）$\dfrac{1}{12}(3x-2)^4+C$；（3）$-\dfrac{3}{2}\cos\dfrac{2}{3}t+C$；（4）$-\dfrac{1}{2}\ln|1-2x|+C$；

（5）$\ln(1+x^2)+C$；（6）$-\dfrac{1}{3}(1-x^2)^{\frac{3}{2}}+C$；（7）$\dfrac{1}{3}(\ln x)^3+C$；（8）$\ln\ln x+C$；

（9）$-e^{\frac{1}{x}}+C$；（10）$\dfrac{1}{3}\arctan 3x+C$；（11）$\dfrac{1}{2}\ln(1+x^2)-\arctan x+C$；

（12）$-2\sqrt{1-x^2}-\arcsin x+C$；（13）$e^{\sin x}+C$；（14）$\dfrac{1}{3}(\arcsin x)^3+C$。

2.（1）$2\sqrt{x}-\ln(1+\sqrt{x})+C$；（2）$\dfrac{2}{5}\sqrt{(1+x)^5}-\dfrac{2}{3}\sqrt{(1+x)^3}+C$；

（3）$-\sqrt{2x}-\ln\left|1-\sqrt{2x}\right|+C$；（4）$2\arctan\sqrt{x}+C$；

（5）$2\sqrt{x-1}-2\arctan\sqrt{x-1}+C$；（6）$\dfrac{x}{\sqrt{1-x^2}}+C$；

（7）$-\dfrac{\sqrt{1+x^2}}{x}+C$；（8）$2\sqrt{x}-3\sqrt[3]{x}+6\sqrt[6]{x}-6\ln(1+\sqrt[6]{x})+C$。

单元能力训练 3-3

(1) $-x\cos x+\sin x+C$；(2) $-x\mathrm{e}^{-x}-\mathrm{e}^{-x}+C$；(3) $\frac{1}{2}x\sin 2x+\frac{1}{4}\cos 2x+C$；

(4) $x\ln x-x+C$；(5) $x\arcsin x+\sqrt{1-x^2}+C$；

(6) $-3x^2\cos\frac{x}{3}+18x\sin\frac{x}{3}+54\cos\frac{x}{3}+C$；(7) $\frac{1}{2}\mathrm{e}^x(\sin x+\cos x)+C$；

(8) $-\frac{1}{2}x^2+x\tan x+\ln|\cos x|+C$；(9) $2\mathrm{e}^{\sqrt{t}}(\sqrt{t}-1)+C$。

单元能力训练 3-4

(1) 32；(2) $\frac{8}{3}$。

单元能力训练 3-5

1. (1) $\because 0<x<1$ (2) $\because 2<x<4$

     $\therefore 0<x^2<x<1$ $\therefore x<x^2$

     从而 $\displaystyle\int_0^1 x^2\,\mathrm{d}x<\int_0^1 x\,\mathrm{d}x$；   从而 $\displaystyle\int_2^4 x\,\mathrm{d}x<\int_2^4 x^2\,\mathrm{d}x$；

   (3) $\because 0<x<1$ (4) $\because -\frac{\pi}{2}<x<0$

     $\therefore 0<x^2<x<1$ $\therefore \sin x<0$

     $\mathrm{e}^{x^2}<\mathrm{e}^x$ 又 $0<x<\frac{\pi}{2}$

     $\therefore \displaystyle\int_0^1 \mathrm{e}^{x^2}\,\mathrm{d}x<\int_0^1 \mathrm{e}^x\,\mathrm{d}x$； $\therefore \sin x>0$

                             $\displaystyle\int_{-\frac{\pi}{2}}^0 \sin x\,\mathrm{d}x<\int_0^{\frac{\pi}{2}} \sin x\,\mathrm{d}x$。

2. (1) $\frac{\pi}{4}$；(2) $\frac{14}{3}$；(3) 1；(4) 2。

单元能力训练 3-6

1. (1) $\frac{\pi}{6}$；(2) $\frac{\pi}{6}$；(3) $\frac{1}{4}$；(4) $\frac{1}{4}$；(5) $\pi-\frac{4}{3}$；

   (6) 1；(7) 1；(8) $1-\frac{\pi}{4}$。

2. (1) $2(2-\ln 3)$ 提示：令 $t=\sqrt{x}$；(2) $\frac{\pi}{32}$ 提示：令 $x=\tan\alpha$；

   (3) $\frac{\pi}{6}$ 提示：令 $t=\sqrt{1+x}$；(4) $-\frac{\pi}{3}$ 提示：令 $x=\sec t$；

   (5) $\frac{\pi a^4}{16}$ 提示：令 $x=a\sin t$；(6) $\sqrt{3}-\frac{\pi}{3}$ 提示：令 $x=\sec t$。

3. (1) 1；(2) $\frac{1}{2}+\frac{\sqrt{3}\pi}{12}$ 提示：令 $t=\arccos x$；(3) $1-\frac{2}{\mathrm{e}}$；

   (4) $\left(\frac{1}{4}-\frac{\sqrt{3}}{9}\right)\pi+\frac{1}{2}\ln\frac{3}{2}$；(5) $\frac{2}{5}(\mathrm{e}^{4\pi}-1)$；(6) $\frac{1}{64}$。

4. 证明：令 $t=\frac{\pi}{2}-x$ 当 $x=0$ 时 $t=\frac{\pi}{2}$；当 $x=\frac{\pi}{2}$ 时，$t=0$

$$\therefore \int_0^{\frac{\pi}{2}} f(\sin x)\mathrm{d}x = \int_{\frac{\pi}{2}}^0 f\left[\sin\left(\frac{\pi}{2}-t\right)\right]\mathrm{d}\left(\frac{\pi}{2}-t\right) =$$

$$\int_0^{\frac{\pi}{2}} f(\cos t)\mathrm{d}t = \int_0^{\frac{\pi}{2}} f(\cos x)\mathrm{d}x \text{。}$$

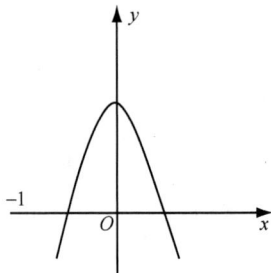

图（1）

单元能力训练 3-7

1.（1）1 ； （2）$\dfrac{\pi}{4}$； （3）发散；

（4）原式 $= \lim\limits_{b\to+\infty}\int_2^b \dfrac{\mathrm{d}\ln x}{(\ln x)^k} = \lim\limits_{b\to+\infty}\left[\dfrac{1}{1-k}(\ln x)^{1-k}\right]_2^b (k>1)$

$\qquad = \dfrac{1}{1-k}\lim\limits_{b\to+\infty}\left[(\ln b)^{1-k}-(\ln 2)^{1-k}\right] = \dfrac{(\ln 2)^{1-k}}{k-1}$。

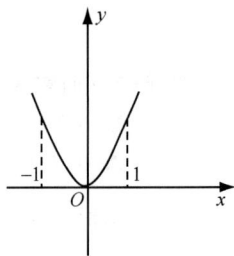

图（2）

单元能力训练 3-8

1.（1）$S = \int_{-1}^1 (1-x^2)\mathrm{d}x = \left(x-\dfrac{x^3}{3}\right)\Big|_{-1}^1 = \dfrac{4}{3}$ ；

（2）$S = \int_{-1}^1 x^2\mathrm{d}x = \dfrac{x^3}{3}\Big|_{-1}^1 = \dfrac{2}{3}$ ；

（3）$\begin{cases} y = x^2 \\ y = 2-x^2 \end{cases}$ 得交点 $(-1,1)$ 和 $(1,1)$

$S = \int_{-1}^1 \left[(2-x^2)-x^2\right]\mathrm{d}x = \left(2x-\dfrac{2x^3}{3}\right)\Big|_{-1}^1 = \dfrac{8}{3}$ ；

（4）$\begin{cases} y = \dfrac{1}{x} \\ y = x \end{cases}$ 与 $\begin{cases} y = \dfrac{1}{x} \\ x = 2 \end{cases}$ 综合解得交点 $(1,1)$ 和 $\left(2,\dfrac{1}{2}\right)$

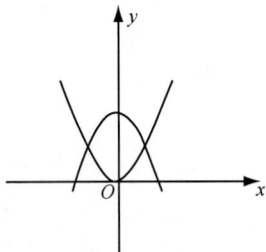

图（3）

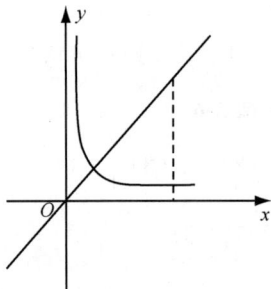

图（4）

$S = \int_1^2 x\mathrm{d}x - \int_1^2 \dfrac{1}{x}\mathrm{d}x = \left(\dfrac{x^2}{2}-\ln x\right)\Big|_1^2 = \dfrac{3}{2}-\ln 2$ 。

2. 总产量 $F = \int_2^4 f(t)\mathrm{d}t = \int_2^4 (100+12t-0.6t^2)\mathrm{d}t = (100t+6t^2-0.2t^3)\Big|_2^4 = 260.8$。

3.（1）总收入 $R = \int_0^{50}\left(200-\dfrac{x}{100}\right)\mathrm{d}x = \left(200x-\dfrac{x^2}{200}\right)\Big|_0^{50} = 9987.5$；

（2）$R = \int_{100}^{200}\left(200-\dfrac{x}{100}\right)\mathrm{d}x = 19850$。

4.（1）$L'(x) = R'(x)-C'(x) = 4-x = 0$

当 $x=4$（百台），利润最大；

(2) $L=\displaystyle\int_4^5 (4-x)\,\mathrm{d}x=\left(4x-\dfrac{x^2}{2}\right)\Big|_4^5=-0.5$

总利润减少了 0.5。

第二篇　常微分方程

第四章　常微分方程

单元能力训练 4-1

1.（1）1 阶；（2）2 阶；（3）1 阶；（4）4 阶。

2.（1）不是；（2）是。

3. 是。

单元能力训练 4-2

1.（1）$2^x+2^{-y}=C$；（2）$y=\pm\sqrt{x^2+C}$。

2.（1）$y=\dfrac{1}{\ln\mid x^2-1\mid+1}$；（2）$y=\dfrac{1-\mathrm{e}^x}{1+\mathrm{e}^x}$。

3.（1）$y=2+C\,\mathrm{e}^{-x^2}$；（2）$y=(x^2-4x+C)(x-2)$；

（3）$y=\sin x+C\cos x$；（4）$i=-\dfrac{1}{2}\mathrm{e}^{-6t}(3\sin 2t+\cos 2t)+C\mathrm{e}^{6t}$。

4.（1）$y=\dfrac{8}{3}-\dfrac{2}{3}\mathrm{e}^{-3x}$；（2）$y=2x-2+2\mathrm{e}^{-x}$。

5. $y=-x\ln\mid x\mid+Cx$。

6. 694。

7. 11.55%。

单元能力训练 4-3

1.（1）$y=C_1\mathrm{e}^{-4x}+C_2\mathrm{e}^{-5x}$；（2）$y=\mathrm{e}^{3x}(C_1+C_2x)$；（3）$y=C_1+C_2\mathrm{e}^{5x}$；

（4）$y=\mathrm{e}^{-\frac{1}{2}x}\left(C_1\cos\dfrac{\sqrt{3}}{2}x+C_2\sin\dfrac{\sqrt{3}}{2}x\right)+\dfrac{3}{7}\mathrm{e}^{2x}$；

（5）$y=C_1\mathrm{e}^x+C_2\mathrm{e}^{7x}+\dfrac{3}{7}x^2+\dfrac{97}{49}x+\dfrac{1126}{343}$；

（6）$y=C_1\cos 2x+C_2\sin 2x+2$；

（7）$y=C_1+C_2\mathrm{e}^{-x}+\left(\dfrac{1}{2}x^2-x\right)$。

2.（1）$y=7\mathrm{e}^x-5\mathrm{e}^{2x}$；（2）$y=7-5\mathrm{e}^{-x}$。

单元能力训练 4-4

1. $D=1500\cdot 3^{-P}$。

2. $y=1.013(1-\mathrm{e}^{-0.003t})$。

参考文献

［1］ 臧新建，范玉军. 高等数学. 吉林：吉林大学出版社，2010.

［2］ 范玉军. 高等数学（理工科）. 北京：人民邮电出版社，2011.

［3］ 胡农. 高等数学（理工类）. 北京：高等教育出版社，2006.

［4］ 盛向耀. 高等数学（上、下册）. 北京：高等教育出版社，2001.

［5］ 窦连江. 高等数学. 北京：高等教育出版社，2006.

［6］ 柳重堪. 高等数学. 北京：中央广播电视大学出版社，1999.

［7］ 杨文兰. 经济应用数学基础. 北京：高等教育出版社，2012.

［8］ 同济大学，天津大学，浙江大学等. 高等数学（上册）. 第 2 版. 北京：高等教育出版社，2006.